이 책에 대한 리뷰

인간의 惡, 병인가 본성인가

인간은 왜 끊임없이 악행을 저지를까. 우리는 누구나 남에게 피해를 끼치는 악인이 될 수 있기에, 그 이유를 이해해야 한다고 책은 전하고 있다.

—**최성욱** 서울경제신문 [책꽂이] 기자

심리학을 처음 접하는 학생들을 위해 쓰인 책

인간의 악, 그리고 병리적 증상과 본성을 다룬 이 강의는 수강생들 호응을 얻어 책이 됐다.

—**김슬기** 매일경제신문 [BOOKS] 기자

인간의 악에게 묻는다

내용 ★★★★★   편집/구성 ★★★★★

선과 악이라는 개념을 그저 동전의 양면이나 흑과 백처럼 대립되는 두 가지 양상밖에 존재하지 않는다고 생각했던 것 같다. 인간의 악행을 통해, 보다 더 선하게 사는 삶이란 어떤 것인가 돌아보게 해준 책!

—**jopsycho** 예스24 블로그

차악을 뽑는 대선에 유용한, 악에 대한 보고서

내용 ★★★★★   편집/구성 ★★★★

대선을 앞둔 한국에서 후보를 두고 인간은 선한 존재인가, 악한 존재인가, 라는 이야기가 나오는 것은 아이러니지만 웃픈 현실이기도 하다. 이런 시기에 나온 이 책은 상당히 유효한 질문을 던져준다.

—**chogaci** 예스24 블로그

인간 악의 본질을 쉽게 이해할 수 있는 심리학 책

인간은 악하게 태어날까? 누구나 한 번쯤 해보는 생각이다. 모두가 악하지 않게 선하게만 살면 우리가 사는 세상은 천국이 될 텐데 인간은 그렇지 못하다. 악이라는 현상이 나타나는 인간 심리의 원인을 잘 설명해준 책!

—**김성신** 출판평론가 [KBS 제1라디오 〈라디오매거진위크&〉 '일요일은 책과 함께]

《인간의 악에게 묻는다》 한 연구자가 들여다본 악의 이면

악은 알면 알수록 100% '나쁘다'고 칼로 무 자르듯 치부해버리기엔 너무나 복잡다단하다.

—**김소담** 인문교양, 월간 유레카 편집장

비정상의 성장기

내용 ★★★★★   편집/구성 ★★★★★

'악'의 존재는 우리를 불쾌하게 만들지만, 이 책은 '악'에 대한 편견을 거두어 내고, '악'을 그저 하나의 형태이자 상태로서 바라볼 수 있게 한다.

—**sskt119** 예스24 블로그

빨간 모자 강무에게 투사된 '인간의 악'

내용 ★★★★★   편집/구성 ★★★★★

드라마 「악의 마음을 읽는 자들」을 보며 드라마로, 책으로 새해 벽두부터 왜 '인간의 악'이 화두가 된 걸까? 궁금했다. 이 책은 그러한 나의 궁금증을 풀어주었다.

—**yein2121** 예스24 블로그

우리는 '선'으로 나아가야 한다

내용 ★★★★★   편집/구성 ★★★★★

이미 알고 있거나 경험했지만 자세히 생각해보지는 않았던 다양한 심리 현상을, 다양한 작품을 통해 들여다볼 수 있는 책!

—**초빅** 예스24 블로그

인간의 악에게 묻는다

Evil Minds in Our Nature

Written by Seonggyu Kim.

Published by BOOK OF LEGEND Publishing Co., 2022.

인간의

악에게

묻는다

누구나 조금씩은 비정상

Evil Minds in Our Nature

김성규 지음

책이라는 신화
BOOK OF LEGEND

일러두기

- 본문 문장 가운데 두꺼운 볼드체로 표현된 부분은 저자가 강조하는 내용이다.
- 책제목에는『　』, 영화제목과 드라마명에는《　》를 넣어 각각 구분하였다. 드라마 연작 중 한 편 제목, 강의명에는〈　〉를 넣어주었다. 논문명, 기사명에는「　」를 달아주었다.
- 영화 장면에 삽입된 QR코드를 앱을 통해 스캔하면 유튜브에서 영상을 시청할 수 있다.

인간은 왜 악을 저지르는 걸까

언제부터였을까요?

　우리는 일상에서 심리 관련 전문 용어를 아무렇지도 않게 쓰고 있습니다. 드라마나 영화 제목에서부터 노랫말, 댓글, 뉴스 그리고 매일 주고받는 말 속에서도 말이죠. 사이코패스, 이중인격, 분노조절장애, 조현병(정신분열증) 등. 친구들끼리 농담할 때도, 인터넷에서 얼굴도 모르는 상대를 지칭할 때도 이런 말들이 스스럼없이 오갑니다. "야 이 정신병자야", "기억상실증 걸렸냐", "이 자식 완전 사패(사이코패스)였네", "자기혐오 쩔어".

　문득 궁금해졌습니다. 만약 이들이 아무렇지 않게 쓰는 말들이 실제로 인간의 어떤 상태를 가리키는지 안다면 쉽게 쓸 수 있을까, 라고요. 물론 이들에게 사이코패스가 뭔지, 조현병이 뭔지는 알고 쓰냐고 물어본 적은 없습니다. 다만, 하나 정도는 확실히 알고 있죠. 사이코패스나 조현병과 같은 심리 증상을 결코 좋은 의미로 쓸 리는 없다는 것을요.

여기서 또 다른 궁금증이 들었습니다. 우리가 나쁘다고 지레 짐작하고 있는 심리적 증상을 직접 경험하고 있는 사람들은 어떤 상황에 놓인 걸까. 이들은 악행을 저지르도록 태어났을까. 아니면 이들이 스스로의 힘으로 결코 통제할 수 없는 심리적 지경에 갇혀 본의 아니게 악을 저지르는 건 아닐까, 하고요. 보통 사람과는 다른, 이상하거나 독특한 행동을 하는 사람을 그저 '악하다'고 규정하는 것이 정말로 괜찮은 걸까, 하는 의문이 들었습니다.

제가 보는 '악'은 일반적으로 통용되는 '선'의 반대말과는 좀 다릅니다. 저는 본인의 의도와는 상관없이 이상 심리를 가지고 태어났기 때문에 다른 사람에게 피해를 주는 것, 남에게 불안감을 주는 것도 '나쁜 것,' '악'에 해당한다고 보기 때문입니다.

우리가 일상에서 마주하는 여러 심리 증상이, 경우에 따라 매우 다르게 평가될 때가 있습니다. 열렬히 사랑하는 연인들 사이에서 일부러 유발하는 질투심이, 사랑하지 않는 사람들 사이에서는 스토킹과 집착이 됩니다. 직장에서는 철두철미함을 자랑하는 완벽주의자가 가정에서는 강박증 환자나 자기혐오자로 여겨지기도 하죠. 이처럼 선과 악은 모호하게 엮여 있고, 바라보는 방식과 상황에 따라 판단이 엇갈리기 마련입니다.

이렇게 보니 악이라는 건 생각보다 단순하지가 않습니다. 그래서 한번 제대로 공부해보기로 했습니다. 강의를 하면서 학생들과 의견을 주고받아보기로요. 일상에서 나타나는 사소한 악의 발생부터, 희귀하고 독특한 증상으로 인해 악이 되는 경우까지, 물론 모든 경우를 다 연구할 수는 없었습니다. 그래서 우리가 자주 접하거나 듣게 되는 용어 위주로 리스트를 만들어서 수업을 진행했습니다.

기대 이상으로 강의에 대한 평가가 좋았기에 그 가운데 반응이 좋았던 주제들을 모아 글로 써보기로 마음먹었습니다. 이렇게 저의 고민과 학생들의 반응을 종합해서 선별한 13개의 주제를 글로 엮은 것이 『인간의 악에게 묻는다』의 시작이었습니다. '갑질의 심리'부터 '사이코패스', '거짓말의 심리', '관음증', '아동학대', '정신분열증', '질투심', '다중인격장애', '알츠하이머병', '완벽주의' 등 사회 곳곳에서 암적인 존재가 되어버린 문제부터, 자주 쓰이는 말이지만 실제로는 본 적이 거의 없을 증상까지 엄선해서 엮었습니다.

악행을 저지르고 주변을 못살게 구는 사람들은 도대체 무슨 이유 때문인 걸까. 어쩔 수 없이 타인에게 피해를 끼치는 것도 악이라고 해야 할까. 인간은 원래 악한 존재인 걸까. 이런 질문들에 대한 답을 찾아나가는 과정을 담은 것이 바로 이 책입니다.

미리 말씀을 드리자면, 악의 기원이나 본질을 철학하고 파헤

8

치기를 기대한 분들에게는 어쩌면 기대 이하의 내용일 수 있습니다. 이런 분들에게는 이 책보다는 학술적으로 선과 악의 의미를 파고든 책이나 학술논문이 더욱 좋을 것입니다.

처음에는 호기롭게 도전했는데, 2017년부터 어느덧 만으로 5년이 흘렀네요. 그사이 수십 번의 수정과 개고를 거쳤으며, 다시 쓴 「프롤로그」와 「에필로그」만 열 개가 넘습니다. 이렇게 좋은 책을 만들고자 공들인 시간이 아깝지 않을 만큼 이 책을 읽는 분들에게 도움이 될 수 있다면 정말로 좋겠습니다.

이 책은 꼭 처음부터 순서대로 볼 필요는 없습니다. 호기심을 끄는 주제를 골라 열어봐도 좋고, 아무렇게나 펼친 곳에서부터 시작해도 됩니다. 편하게 읽을 수 있기를 바라며 쓴 책이니까요. 제가 강의실에서 강의하듯 써내려간 각 챕터의 본문 앞뒤로 저의 경험이나 생각을 담은 에세이를 붙여보았습니다. 해당 주제에 대한 솔직담백한 이야기와 경험을 공감의 지점으로 만들고 싶었거든요. 그렇게 편하게, 재밌게, 때로는 울고 웃으며 읽을 수 있는 책을 만들기 위해 노력했습니다.

제게는 기나긴 터널처럼 느껴졌던 5년의 시간 동안 무수한 담금질을 거쳐 나온 책이 바로 『인간의 악에게 묻는다』입니다. 누군가는 5년이나 걸려 쓴 것이 고작 이거냐고 할 수도 있을 겁니다. 그럼에도 불구하고 지금 저는 두려움보다는, 원고를 놓을 수 있다는 후련함과 기대, 설렘에 감싸여 있습니다.

이 책이 세상에 나올 수 있도록 도와주신 모든 분, 사실상 이 책을 같이 만들어준 것이나 다름없는 학생들에게 깊은 감사를 표하며, 여러분 앞에 살며시 이 책을 놓아보겠습니다.

드디어 본격적인 『인간의 악에게 묻는다』 책의 탄생 신화가 시작됩니다. 감사합니다!

2022년 1월

김성규

차례

1장

#계급

#신념

#권력

#존스타운집단자살사건

#스탠퍼드교도소실험

#엑스페리먼트

#킬러본능

#아부그라이브사태

#이라크의예수

#고문당한예수

#내부고발자

#파레시아

인간은 정말로
공정과 평등을 지향할까

집단과 계급의 악

2021년 전 세계는 《오징어 게임》에 열광했다. 특별할 것도 없는 서바이벌 방식의 경쟁 스토리였는데, 그렇기에 오히려 쉽게 이해하고 공감할 수 있었을까. 여하튼 2021년은 《오징어 게임》의 해였다. 《오징어 게임》에서 흥미를 끈 대사가 있었다. "이 게임 안에서는 모두가 평등해. 참가자들 모두가 같은 조건에서 공평하게 경쟁하지." 검은 가면을 쓴 프론트맨의 말인데, 문득 의문이 든다. 평등하다고? 《오징어 게임》 속 456명의 참가자들은 상금을 차지하기 위해, 수단과 방법을 가리지 않고 다른 참가자들보다 우위에 서서 권력을 행사하려 한다. 인간은 만민 평등을 좇는 '선한 본성'이 아닌, 타인을 짓밟아서라도 이익을 취하고자 하는 '악한 본성'을 타고난 것은 아닐까?

계급은 왜 생겨나는가

지구상에 존재하는 모든 동물은 자신이 가진 우월한 유전자를 퍼뜨리고자 하는 본능이 있습니다. 다른 동물을 잡아먹는 육식 동물뿐 아니라 순해 보이는 초식 동물, 곤충 등 종족 번식 본능을 가진 모든 존재가 말이죠. 효과적으로 자신의 유전자를 후세에 전하기 위해 치열한 힘의 경쟁을 벌입니다. 힘의 경쟁을 통해 자연스레 약자와 강자가 나뉘고 강자가 특권을 차지하는 약육강식 구도를 만들게 됩니다. 계급이 탄생하는 것이죠.

자연 상태에서 동물들이 만드는 계급은 먹이 확보를 비롯하여 생존에 유리한 보금자리를 차지하기 위한 다툼에서 생성됩니다. 안전하게 자신을 비롯한 동족 무리를 보전하는 데 유리한 지역을 점령하는 것이죠. 더 많은 후손을 번식시키려는 목적에서 계급이 생겨나는 것입니다.

그런데 우리 인간은 단순히 생존과 번식을 위해서만 살아가는 존재가 아닙니다. 인간은 동물보다 높은 수준의 고등 사회를 구성하죠. 인간은 잉여 생산물을 축적하고 거래합니다. 이는 어떤 동물도 하지 못하는 것이죠. 잉여 생산물 관리와 감독, 활용을 위해 사회 시스템은 더욱 복잡한 수준으로 고도화됐습니다. 그 복잡한 시스템을 효과적으로 규합하고 통제할 수 있는 방안으로서 계급을 구성하는 것이 바로 인간입니다.

이렇게 구성된 계급의 우위를 유지하기 위해 인간이 택한 방법은 무엇일까요? 계급적 권력을 가진 집단은 이를 후세에 상속하기 위한 가장 효과적인 방안으로서 혈족 왕가를 출현시켰습니다. 피보다 진한 것은 없으리라 믿으면서 말이죠. 그런데 인간 사회에는 피보다 진한 것들이 있었습니다. 그중 하나가 바로 우리가 '신념'이라 부르는 것이었죠.

피보다 진한 믿음의 계급

인간 문명에서 생겨난 계급 권력을 유지시키는 두 개의 큰 축을 꼽아보겠습니다. 하나는 혈연에 의한 계급이고 다른 하나는 종교적 신념에 의한 계급입니다. 다른 말로 표현하면 왕권과 신권이죠. 둘은 인류 문명의 서막이 오르던 시절부터 최근까지 서로를 견제하면서 인간 사회의 계급을 지탱해왔습니다.

혈연에 의한 계급적 권력은 특정 집단이 가계를 통해 구성하는 것이기에 그 구조가 비교적 단순하면서 강력합니다. 여기서는 그보다 복잡한 종교적 신념에 의한 계급적 권력에 대해 자세히 이야기해보려 합니다.

인간 특유의 고차원적 활동인 종교가 생성시키는 신권을 지탱하는 것은 무형의 존재에 대한 강력한 믿음입니다. 프리드리히 니체Friedrich Nietzsche는 주장했습니다. 인간은 자신들을 위해 스스로를 희생한 신적 존재에게 영원한 빚을 지고 있으며, 그 존재에게 믿음을 바침으로써 인류의 빚을 갚아나간다고.

니체는 인간이 신에게 믿음을 바치는 숙명적 과업을 스스로에게 지우고 주인과 하인의 관계를 생성한다고 봤죠. 다시 말해 신의 권능과 종교적 지도자의 숭고한 자기희생이라는 미명하에 완전한 채무로 엮인 계급이 발생한다는 것입니다. 이때 신의 대리자가 다른 인간보다 높은 위치에서 권력을 행사하는 구조적 정당성이 확보되는 것이죠. 상당히 흥미로운 주장이 아닌가요?

니체는 『차라투스트라는 이렇게 말했다』Also sprach Zarathustra에서 "신은 죽었다"라고 말했죠. 이렇게 말한 것은 종교가 맹목적, 권위적으로 변질되고 각종 폐단이 발생했기 때문입니다. 믿음을 기반으로 하는 신의 존재를 모시는 기관은 부정한 이익 창출에만 급급했고 광신도를 양산하기에 바빴으니까요. 니체는 인간과 신의 채무 관계에 끼어든 타락한 종교 단체를 꾸짖었습니다. 종교가 만든 계급적 권력이 얼마나 쉽게 타락하고 변질될 수 있는지

경고했던 것이죠.

　종교의 계급적 권력이 발생시킨 보다 현실적인 사건을 이야기해보겠습니다. '존스타운 집단 자살 사건'Death in Jonestown이라 불리는 참극은 변질된 종교적 광기가 얼마나 끔찍한 상황을 초래하는가를 적나라하게 보여준 대표적 사건입니다. 1978년 11월 18일 목사 짐 존스Jim Jones는 '신의 뜻'에 따르라며 신도 1,000여 명에게 음독자살을 강요했습니다.

　대다수의 신도는 청산가리가 든 음료를 마시는 것이 '하늘에 계신 아버지'를 위한 행위라 여기며 스스로 목숨을 끊었죠. 물론 거부하는 이들도 있었습니다. 하지만 그들은 광기에 사로잡힌 신도들에 붙잡혀 강제로 독약을 삼키거나 총에 맞아 죽을 수밖에 없었습니다. 하늘에 계신 아버지의 말씀을 전한다는 신의 대리자 존스와 그의 명령에 광기로 복종한 이들이 일으킨 끔찍한 사건이었습니다.

　인간은 왜 이토록 수직적 계급 관계에 맹목적으로 복종하는 것일까요? 이에 대한 해답을 찾고자 단 두 개의 계급만이 존재하는 상황을 가정하고 평범한 사람들을 던져놓은 심리 실험이 있었습니다. 바로 '스탠퍼드 교도소 실험'The Stanford Prison Experiment 입니다.

오직 두 계급, 수감자와 교도관

수감자와 교도관이라는 단 두 개의 계급만이 존재하는 교도소라는 특수한 상황 속에서 인간은 어떤 심리와 행동을 보일까요. 필립 짐바르도Philip Zimbardo는 인간이 자신에게 부여된 계급에 의해 얼마나 영향을 받고 바뀔지 궁금했습니다. 1971년 어느 여름날 그는 총 24명의 남자 대학생을 공고를 통해 모집했습니다. 공고에는 범죄와 약물 전력이 전혀 없어야 한다는 조건이 있었죠. 짐바르도에 따르면, 참가자들은 모두 탁월한 수준의 교육을 받았으며 중산층 이상의 가정에서 자란 '악하지 않은' 대학생들이었습니다.

자, 여기서 질문 하나. 여러분이라면 수감자와 교도관 중에 어떤 계급을 선택하겠습니까? 저는 이 주제로 수업을 진행할 때마다 학생들에게 똑같은 질문을 해봤습니다. 그때마다 대략 70~80퍼센트 정도의 학생들은 제복을 입고 공권력을 사용할 수 있는 교도관을 하겠다고 답했습니다.

이는 충분히 예상할 수 있는 결과였습니다. 학생들은 누군가에게 관리나 감독을 당하며 수동적으로 행동하기보다는, 자신이 관리하는 위치에 있는 게 더 좋고 유리하다는 것을 알았던 겁니다. 능동적인 사람을 우수한 인재로 여기는 지금의 시대적 분위기와 갑질의 피해자가 되지 않겠다는 마음도 한몫했겠죠. 1971년 실험에 참가한 학생들도 이와 같았을까요? 전혀 아닙니다. 정반 대로 그들 중 누구도 교도관이 되기를 원하지 않았죠.

짐바르도는 교도관을 자원하는 학생이 전혀 없었기 때문에 동전 던지기를 통해 앞면이 나오면 교도관, 뒷면이 나오면 수감 자로 정했습니다. 그렇게 9명의 교도관과 9명의 수감자를 먼저 선정한 뒤, 나머지 6명은 실험 보조원으로 참가하도록 했죠.

학생들이 교도관보다는 수감자를 원한 이유를 짐바르도는 다음과 같이 밝혔습니다. 어차피 같은 수당(하루에 15달러씩 2주) 을 받을 텐데, 3교대로 24시간 근무를 하는 것보다는 교도소에서 편히 쉬는 편이 더 낫다고요. 이밖에도 교도관이 되려고 대학까 지 가는 학생은 없지만, 언젠가 교도소에 들어갈지도 모르는 상 황에 대비한다와 같은 이유였다고 합니다.[1]

어쨌든 그 누구도 교도관이 되기를 원치 않았으며 수감자들 또한 실제로 저지른 범죄는 없는 상황입니다. 다시 말해 계급적 권 력에 대한 욕심이나 어떤 잘못 없이 임의의 수직적 계급이 발생한 것입니다. 그렇게 발생한 계급에 학생들이 얼마나 강하게 혹은 빠 르게 잠식당할지를 보는 실험 준비가 완료되었습니다.

실험의 현실성을 높이기 위해 교도관들은 실험에 앞서 모의 교도소 세팅을 도왔습니다. 그러나 교도관으로서 필요한 전문 지 식을 학습할 수 있는 충분한 시간은 없었습니다. 아주 단순한 정 도의 교도소 규칙에 대한 지시와 안내만 전달받았죠. 수감자 역할 참가자들은 현실성을 높이기 위해 자신의 집에서 체포당하는 과정을 통해 모의 교도소로 소집됐습니다.

모의 교도소로 들어가기 전 수감자들에게는 움직임이 불편한 옷을 입혔고, 머리에 스타킹을 씌워 신체에 대한 제약을 강화했습니다. 평소와 다른 신체적 구속을 통해 심리적 불안을 느끼도록 만든 것입니다. 이제 교도관과 수감자, 그리고 그들을 지켜보는 이들로 구성된 실험이 모두 세팅됐습니다. 외부로부터 완전히 고립된 장소에서 단 두 개의 계급만이 존재하는 상황. 인간은 어떻게 행동할까요?

계급과 인간의 악

폴 셰어링Paul Scheuring 감독은 스탠퍼드의 잔혹했던 교도소 실험을 39년 만에 스크린으로 다시 소환했습니다. 2010년 여름에 개봉한 《엑스페리먼트》The Experiment는 많은 이들의 관심을 다시금 1971년의 여름으로 돌리기에 충분했죠.

《엑스페리먼트》의 오프닝에서는 인간을 비롯한 수많은 동물의 피비린내 나는 실제 싸움과 격돌을 보여주는 장면을 연속해서 보여줍니다. 앞서 언급한 자연 상태에서의 계급적 권력을 차지하려는 본성을 적나라하게 보여주는 살벌한 오프닝이죠.

　　실제 스탠퍼드 교도소 실험과 달리 《엑스페리먼트》에는 다양한 직업과 계층의 인물이 등장합니다. 이들은 대체로 범죄자나 악인이 아니라는 점에서 실제 실험에 참가했던 대학생들과 유사합니다. 즉 특별히 악하지도 선하지도 않은 평범한 이들이 계급을 어떻게 내면화하고 악해지는가를 보여주려는 의도는 짐바르도의 실험과 같습니다.

　　지금부터는 짐바르도의 기록과 셰어링의 《엑스페리먼트》를 통해 계급이 탄생시키는 악에 대해 이야기해보겠습니다.

　　"아넷(교도관)은 수감자들에게 규칙에 대해 질문하기 시작한다. 그는 요구 수준이 높고 비판적이며 공식적이고 군인과 같은 태도를 보이기 위해 애를 쓴다. 그는 단지 맡은 일을 할 뿐이며 개인적 의도는

그림 1.1 영화 《엑스페리먼트》에서 본격적으로 실험이 시작되기 전의 모습. 참가자들이 자유롭게 행동하고 있다.

전혀 없다는 듯한 태도였다. 그러나 수감자들은 그와 다르다. 그들은 낄낄거리고, 빙긋빙긋 웃으며 아넷을 진지하게 받아들이지 않는다. 그들은 **아직 수감자라는 역할을 제대로 시작하지 못하고 있는 것이다.**"[2]

실험 첫날의 기록입니다. 교도관과 수감자 모두 아직 낯선 실험 환경에 적응하지 못하고 있죠. 자신의 계급에 대한 인식이 자리 잡기 전입니다.

《엑스페리먼트》에서도 실험이 시작될 때는 갈등이 없는 상태임을 보여줍니다. 수감자들은 "당신들처럼 엉성한 교도관은 처음 봤어!"라고 말하고, 교도관들은 그런 수감자들에게 재밌게 돈이나 벌어 나가자며 응수하죠.

계급적 권력이 발생하기 전의 상태이며, '무규범의 평등 상태'인 것입니다. 그들은 마치 '재미있는 게임'을 하듯 2주 동안만 잘 버티고 돈을 챙기자는 생각을 하고 있을 뿐이죠.

하지만 계급적 권력이 그들에게 스며들고 파괴적 행동을 일으키도록 만드는 데 2주는 너무도 넉넉한 시간이었습니다.

"**실험이 시작된 지 사흘도 채 되지 않아서** 교도관 역할을 맡은 학생들 중 일부는 단순한 연기 이상의 단계로까지 나갔다. 그들의 근무 일지, 회고 일지, 개인적 회고담을 살펴볼 때 **그들은 적대감, 부정적 정**

서, 그리고 진짜 교도관들에게서 볼 수 있는 전형적 심적 경향 등을 내
면화하기 시작했다.

세로스는 교도관들이 상황을 주도해나가는 것에 자부심을 느꼈다.
'우리는 점점 더 질서정연해지고 수감자들로부터 훌륭한 결과를 얻
고 있다.' 그러면서도 잠재적 위험에 대해 우려한다. '이 조용한 상태
가 속임수가 아닐까? 녀석들이 도발의 음모를 꾸미고 있는 것이 아
닌지 걱정된다.'"[3]

교도관들은 자신이 가진 계급적 권력을 내면화함으로써 전
에 없던 정체성을 형성해나가기 시작했습니다. 그들은 수감자들
보다 확고하게 높은 위치와 통제의 권력을 가진 존재라는 사실을
내면화했죠. 그들은 실제 교도관처럼 행동했으며 폭력성이 가파
르게 증가했습니다. 처음에는 구두 명령과 팔굽혀펴기를 통해 수
감자들을 통제하는 모습을 보였습니다.

그런데 단 이틀 만에 수감자들을 제압하기 위해 소화기를 분
사하는 사태가 발생하고 말죠. 계급 우위에서 생성되는 폭력적
힘을 통해 하위 계급을 제압하는 것을 스스로 정당화하기 시작한
것입니다.

그림 1.2 교도관들이 수감자들에게 소화기 분말을 분사하고 있다.
《엑스페리먼트》 중에서.

"랜드리는 모든 감방 문을 세차게 곤봉으로 두들겨서 힘을 가진 쪽
이 누군지 보여주고자 한다. 아넷 역시 2번 감방의 쇠창살을 곤봉으
로 힘껏 때려서 하마터면 창살을 쥐고 있던 수감자의 손가락이 박살
날 뻔했다. 둘째 날 아침 소동이 생겼을 때처럼 존 랜드리가 소화기
를 가지고 와서 이산화탄소를 2번 감방 안에 뿌려댔다. 랜드리와 마
커스는 수감자들을 문에서 떨어지도록 쇠창살 사이로 곤봉을 찔러
넣는다."

교도관들이 벌인 폭력 사태로 말미암아 이전에는 의식적으
로만 내면화하고 있던 수직적 계급이 비로소 완전하게 기능하기

시작한 것입니다. 교도관들에게는 더 이상 선량한 대학생의 모습은 남아 있지 않습니다. 이제 오직 통제의 권력을 휘두르는 교도관과 그 권력에 통제받는 수감자만 있을 뿐이죠.

여기서 아주 기본적인 질문을 해보겠습니다. 교도관들은 왜 2주밖에 안 되는 실험에서 이토록 폭력적인 성향을 보이게 된 것일까요? 저는 그 원인이 극도의 희열 때문이라고 봅니다. 다른 이들보다 높은 위치에 있으면서 그들을 통제할 수 있는 권력이 주는 희열 말이죠. 이안 로버트슨Ian Robertson은 이른바 '킬러 본능'killer instinct을 지닌 사람의 경우 다른 존재에게 승리할 때마다 '테스토스테론'testosterone과 '도파민'dopamine 분비가 증가한다는 것을 확인했습니다. 이때 테스토스테론은 공격 성향을 증가시키고 도파민은 쾌감을 증가시키는 역할을 합니다.[5]

즉 상대를 제압하고 자신의 통제력 안에 두는 것은 극도의 희열을 느끼게 합니다.《엑스페리먼트》에서 교도관 역할을 한 마이클 배리스Michael Barris는 반항하는 수감자들을 제압하고 그들을 완전히 압도하는 연설을 합니다. 그런 뒤 화장실 거울 앞에서 단단하게 발기된 자신의 성기를 만지며 쾌감을 느낍니다. 셰어링은 이 장면을 통해 통치 권력이 성욕, 그리고 그것이 극대화된 오르가슴에 준하는 쾌감이라는 것을 보여줍니다.

장난기 가득한 분위기 속에서 돈이나 벌자며 시작된 스탠퍼드 실험은 애초 계획한 2주를 절반도 채우지 못한 6일 차에 종료

됐습니다. 놀라운 사실은 실험의 총책임자였던 짐바르도가 동료 교수의 만류로 간신히 실험을 종료할 수 있었다는 것입니다. 사실 이 실험에 누구보다 깊게 빠져 있었던 것은 사실 짐바르도 자신이었습니다. 그는 실험을 진행하면서 권력의 희열에 중독되고만 것입니다.

그는 스파이 역할을 할 학생을 실험에 참가시키며 내분을 주도했습니다. 그러고는 혹시 다른 교수가 자신의 실험을 폭로할까 두려워 외부인이 방문할 때면 대응 전략을 고심했다고 고백했습니다. 가장 중립적이어야 했던 그가 실험을 자신의 것으로 만들고 통제하려는 욕망에 빠진 것은 정말로 아이러니가 아닐 수 없습니다.

《엑스페리먼트》의 마지막 장면에서 "실험은 끝났습니다. 여러분은 자유입니다"라는 말과 함께 생지옥으로 변해가던 모의 교도소는 무거운 적막과 고요로 휩싸였습니다. 어떤 이는 환호했고, 또 다른 누군가는 탄식했고, 또 누군가는 아무 말이 없었습니다. 차라리 처음부터 없었으면 좋았을 일을 경험한 이들은 날것의 감정을 저마다의 방식으로 토해내고 있었습니다.

실험을 종료한 이후 짐바르도는 희망자에 한해 실험 후기를 나누기로 했는데, 특히 '착한 교도관'과 '못된 교도관'에 대한 평가가 인상적입니다. 여기서 말하는 착한 교도관은 악한 성향을 직접적으로 드러내거나 행동으로 옮기지 않은 이를 말합니다. 그런데 그들은 못된 교도관들의 도를 넘어서는 악행을 막지 않았습니다. 악행이라는 것을 알면서도 철저히 침묵하고 방관한 것이죠. 못된 교도관에 비해 상대적으로 착해 보였을 뿐입니다.

짧은 순간 지옥으로 변해버린 스탠퍼드 모의 교도소에서 인간은 완전히 악에게 굴복하고 말았습니다. 악행이 곳곳에서 벌어졌고, 악행을 실제로 행하지 않았던 이들도 그것을 방관하며 침묵했죠. 인간은 악의 심리에 이토록 나약하기만 한 존재일까요? 그렇게 믿기는 정말로 어렵고 싫습니다.

아부 그라이브와 내부 고발자

2004년 5월 인터넷에 유포된 사진들은 전 세계 사람들을 경악하게 만들었습니다. 그중에서도 검은 헝겊을 뒤집어쓰고 십자가 형상으로 팔을 벌린 채 박스 위에 올라가 있는 사진은 '이라크의 예수'The Iraqi Jesus나 '고문당한 예수'Tortured Jesus 등의 이름으로 순식간에 퍼져나갔죠. 그리고 곧 '아부 그라이브 사태'Abu Ghraib Torture and Prisoner Abuse를 상징하게 됐습니다.

아부 그라이브 사태는 이라크와 전쟁을 치르던 미군이 포로들을 잔혹하게 고문한 사건을 말합니다. 미군의 포로 고문 행위는 2003년 4월부터 1년 동안 약 8,000명의 이라크인을 대상으로

그림 1.3 아부 그라이브 포로수용소의 인권 침해 실태를 전 세계에 폭로한 사진.

행해졌죠. 2003년 미국은 9·11 테러의 원흉으로 지목한 사담 후세인Saddam Hussein을 처단하기 위해 이라크를 침공했습니다. 순식간에 바그다드를 점령한 미군은 바그다드 서부 지방에 위치한 아부 그라이브에 포로수용소를 지었습니다. 그리고 거의 3년에 걸쳐 활용했죠. 이 과정에서 전쟁 포로뿐 아니라 무고한 시민들도 무차별적으로 구금되고 고문당하는 일이 벌어졌습니다.

남자는 반군일지 모른다는 이유로 노소 불문하고 거의 모두 포로수용소에 구금된 뒤 고문을 당했습니다. 미군은 그들을 개처럼 끌고 다니거나 알몸으로 서로를 포개도록 만들고, 성적 고문도 서슴지 않았습니다. 후에 고문했던 일을 회고하듯 말했던 한 이등병은 '그저 재미있는 놀이'였다며 그 일을 마치 추억하듯 언급하기도 했습니다. 악행에 대한 그 어떤 반성도 후회도 없다는 그의 반응은 경악스러울 정도입니다. 하긴, 아무런 원한도 없던 대학생들이 모의 교도소에서 보인 행동에 비춰보면, 당연한 것일지 모르겠습니다. 적국의 포로에게 잔혹한 행위를 하고도 죄책감을 느끼지 않는 것은.

그런데 아부 그라이브 포로수용소에는 스탠퍼드 모의 교도소 실험에서 나타난 못된 교도관과 착한 교도관만 있었던 것이 아니었습니다. '내부 고발자'whistle blower가 있었죠. 자칫 역사의 어두운 장막 속에 갇힐 뻔한 이 만행은 조 다비Joe Darby에 의해 폭로되면서 세상에 알려졌습니다.

다비는 아부 그라이브에서 자행된 잔혹한 행위가 법을 비롯해 그가 믿고 있던 것을 부정했다는 생각에 환멸을 느꼈습니다. 그렇기에 그는 모든 잔혹 행위를 밝히고 폭로하기로 결심했던 것이죠. 분명히 다비는 폭로를 앞둔 마지막 순간까지 고민했을 것입니다. 함께 전장을 누비던 동료에 대한 의리와 도덕적 양심 사이에서 말입니다.

내부 고발을 결심한 다비는 아부 그라이브에서 복무하면서 여러 증거들을 확보했습니다. 미국 군부는 그의 복무가 끝날 때까지 철저하게 익명을 보장해주었죠. 물론 미국 군부는 다비가 복무를 마친 뒤에도 철저하게 신변 보호를 해주었습니다.

내부 고발은 체제가 스스로를 정화하기 위해 꼭 필요한 것입니다. 특히 내부 고발자에 대한 철저한 보호는 반드시 이행되어야만 합니다. 자정을 위한 시스템이 효과적으로 기능해야 체제가 무너지지 않을 테니까요.

침묵하지 않을 용기

정신분석학자인 파울 페르하에허 Paul Verhaeghe 는 다음과 같이 푸코의 주장을 언급하며 진실을 말할 수 있는 용기의 중요성을 강조했습니다.

> "시민 의식이란 민주적인 방식으로 우리가 권력을 부여한 사람들에게 복종한다는 의미만 있는 게 아니다. 상황이 요구한다면 우리 스스로 용기를 내 권력을 행사한다는 의미도 있다. 푸코는 마지막 강연에서 **파레시아, 즉 진실을 말할 용기의 필요성을 강조했다**."[6]

그리스어에서 '모두'를 뜻하는 'pan'(판)과 '말하다'를 뜻하는 'rhesis'(레시스)의 합성어인 '파레시아'parrhesia는 '진실을 말하다' 혹은 '모든 사실을 털어놓다' 등의 의미로 해석 가능합니다. 파레시아를 통해 우리는 보다 성숙한 민주주의를 완성할 수 있다고 페르하에허는 주장합니다. 프랑스의 레지스탕스였던 스테판 에셀Stephane Hessel 역시 "옳음을 향해 분노하고 행동하라"며 그릇된 현실에 맞서 진실을 말하고 행동할 용기를 강조했습니다.

페르난도 보테로Fernando Botero는 아부 그라이브 사태가 폭로된 지 1년 만에 그 참상을 그린 전시회를 개최했습니다. 보테로는 아부 그라이브 사태에 대해 결코 침묵할 수 없다고 말했습니다. 예술은 끊임없이 잔혹한 행위를 고발하고 그에 대한 혐의를 제기해야 한다면서요.

'남미의 피카소'라는 별명으로도 유명한 보테로는 적게는 수천만 원에서 10억 원 이상을 호가하는 작품을 그리는 화가입니다. 그런데 그는 전시회의 어떠한 작품도 판매하지 않았습니다. 인간의 악을 폭로한 예술에 값이 매겨지는 것을 거부한 것이죠. 이 시대의 진정한 예술인이라고 말할 수 있겠습니다.

계급적 권력을 향한 욕망이 자연 상태의 본성으로 존재한다면 그것에 대해 복종하는 것 또한 어쩔 수 없는 본성입니다. 다비와 같은 사람보다는 자신과 가족, 친구의 안위를 위해 계급의 악에게 침묵하는 사람이 훨씬 더 많을 것입니다. 우리는 대부분 못

그림 1.4 | 1.5 | 1.6 페르난도 보테로와 아부 그라이브의 참상을 담은 보테로의 작품들.

된 교도관까지는 아니어도 착한 교도관 정도에 머물 수밖에 없는 지도 모르겠습니다. 쓸쓸하게도 인간이 악에게 너무도 무력하다는 건 부정할 수 없는 진실이니까요.

하지만 소수라 해도 분명 악에게 저항하는 인간이 존재합니다.

"우리는 상황적 힘의 노예가 아니기에, 그것에 저항하고 반대하는 방법을 배워야만 한다. 모든 상황에서 항상 굳건하게 버틴 소수가 있었고, 어떻게 그들이 저항했는지를 생각함으로써 그들의 수를 늘리려고 노력해야 할 때가 왔다."[7]

비록 실험을 하다 스스로 만든 악의 장치에 중독된 짐바르도 였지만, 그로부터 30년이 지난 뒤 그가 깨달은 바는 우리 모두에게 유용합니다. 우리는 계급이 만들어낸 악의 심리에 저항한 이들을 기억해야 할 것입니다. 계급의 악은 그것에 저항한 이들을 더욱 옥죄고 마치 그들이 잘못한 것인 양 몰아세울 것입니다.

그러므로 우리는 더더욱 진실을 향해 눈을 부릅뜨고 인간의 악에 의문을 제기해야 합니다. 그리고 이렇게 대답할 수 있어야 겠습니다. 창궐하는 악의 앞에서 침묵하지 않는 용기가 인간에게 있으며, 우리는 그것을 굳게 지지한다고 말입니다.

《오징어 게임》의 참가자들은 '상금'을 얻기 위해 배신과 폭력, 심지어는 살인도 서슴지 않았다. 그런데 스탠퍼드 실험에서는 상금이 없었다. 모두에게 동일한 보상이 주어졌고, 그들이 협의만 잘했으면 폭력 사태가 빚어지지 않았을 것이다. 물론, 이 가정에는 '인간은 악하지 않다'라는 전제가 필요하다.

그런데, 인간은 악하게 태어난다. 생존하기 위해, 다른 존재를 죽이고 섭취한다. 즉, 다른 존재보다 우월할 때 생존한다는 것을 본능적으로 아는 것이 인간이고, 그것은 분명히 악이다. 남들보다 큰 이득이 없어도 기본적으로 남들보다 우위에 있으려고 하는 인간은 본능적으로 악하다.

인간은 선하게 태어난다는 꿈같은 이상은 무정한 현실 앞에 무력하다. 선량한 인간이 되도록 '수신'修身해야 하는 이유는 결코 이룰 수 없는 '만인 평등'과 '공정 사회'에 조금이나마 가까워지기 위함이다. 그래야 그나마 '인간답게' 살 수 있으니까.

— 본문에서 다룬 작품
《엑스페리먼트》(2010)

— 함께 보면 좋을 작품
《오징어 게임》(2021),
『머니게임』(네이버 웹툰), 《미스트》(2007)

2장

#갑질
#차별
#권위
#악의평범성
#복종실험
#권위에대한맹종
#나치만들기
#제3의물결단
#쉰들러리스트
#홀로코스트
#아우슈비츠
#비인간화
#예루살렘의아이히만

#호모엠파티쿠스
#공감의인간
#영원한책임
#휴브리스

왜 갑질과 차별을
멈추지 못할까

무능한 생각이 만드는 악

갑질이 문제다. 우리 사회에서 만연한 갑질은 외신에서 'Gapjil'이
라는 고유명사로 소개돼 민망한 유명세를 탈 지경이다. 지위나 물리
적 힘, 권력 등을 이용해 온갖 이유로 상대를 괴롭히는 행위라 마땅
히 번역할 말조차 없나보다.

우리나라는 대학 진학률이 매우 높은 나라다. 1990년대에 들어서
면서 대부분의 청년들은 대학에 진학했고, 저마다 대학에 대한 기
억을 갖고 있을 것이다. 모두에게 좋은 추억만 있으면 얼마나 좋겠
냐만, 안 좋은 기억도 있을 것이다. 특히, 교수로부터 노골적인, 혹
은 보이지 않는 갑질을 당한 기억이 말이다. 어떤 교수는 자신의 지
위와 권한을 이용해 학생들에게 갑질을 행사한다.

나는 그런 인간들을 매우 질이 나쁜 '악질 교수'라고 부른다.

악의 평범성에 대한 보고서

한나 아렌트Hannah Arendt는 『예루살렘의 아이히만: 악의 평범성에 대한 보고서』Eichmann in Jerusalem: A Report on the Banality of Evil를 통해 평범하고 정상적인 사람이 얼마나 끔찍한 악인이 될 수 있는지 설파했습니다.

> "그 많은 사람(나치 당원)은 도착자나 사디스트가 아니었으며, 지금 이 순간까지도 **무섭고도 놀라울 정도로 정상**이었다. 우리의 법 체계와 도덕적 판단 기준을 통해 볼 때, **이와 같은 정상성은 현재까지 밝혀진 모든 잔혹 행위를 합친 것보다 훨씬 두려운 것이었다.**"[8]

아돌프 아이히만Adolf Eichmann을 비롯한 나치 전범 재판이 예루살렘에서 열렸습니다. 그녀가 목격한 악마들은 너무도 정상적인 사람들이었습니다. 그렇게 "말과 생각의 의표를 찌르고 솟구치는 악의 평범성"[9]은 그녀를 두려움에 떨게 만들었죠.

무엇이 이토록 정상적인 이들을 악마로 만들었을까요? 또 평범한 이들에게 내재한 악은 어떻게 깨어나는 것일까요?

인간을 복종시키는 권위의 힘

인간은 눈에 보이지 않는 것을 상상할 수 있고 무형의 존재에게 의미를 부여할 수 있습니다. 유발 하라리Yuval Harari는 문화와 국가, 기업 등 인간의 문명을 지탱해온 시스템은 눈에 보이지도 잡히지도 않는 '가상의 실재'라 불렀습니다. 가상의 실재는 물리적으로 존재하지 않지만 그것에 속하는 각각의 인간에게 상이한 물리적 힘을 행사하는 특권을 부여할 수 있습니다. 그것은 바로 우리가 권위라 부르는 것입니다.

권위는 가상의 실재가 만들어낸 무형의 힘으로써 물리적 힘이 아닌 상징적 힘으로 다른 이를 복종시키는 권력을 의미합니다. 즉 권위에 대한 복종은 어떤 특정한 사람 그 자체에 복종하는 것이 아닙니다. 그 사람이 지닌 직위와 상징에 복종하는 것이죠.

> "판사가 법정으로 들어오면 사람들은 모두 일어서지요. 사람들은 그 친구를 보고 일어서는 게 아니라, 그 친구가 입고 있는 법복, 그 **친구가 맡고 있는 역할에 경의를 표하기 위해서 일어서는 것입니다.**"[10]

조셉 캠벨Joseph Campbell은 이처럼 명쾌한 예시를 들어 상징적 힘이 어떻게 인간을 복종시키는지 보여줬습니다. 캠벨의 말처럼 우리 인간은 모두 권위라는 상징적 힘으로써 나타난 새로운 인격에 예를 표하고 따르는 것입니다.

이러한 권위의 힘과 관련해 인간이 얼마나 쉽게 복종하는지를 연구한 실험이 있습니다. 바로 스탠리 밀그램Stanley Milgram의 '복종 실험'The Milgram Experiment입니다. 밀그램은 제2차 세계대전 당시 독일 나치 당원이 왜 그토록 쉽게 상부의 명령에 복종하여 유대인을 학살했는지 궁금했습니다.

'타인의 고통에 공감하는 이타심이나 양심 따위가 없었던 것은 아닐까', '평범한 사람도 자신보다 윗사람 혹은 권위 있는 사람의 명령에 쉽게 복종할까' 등의 질문을 떠올렸을 것입니다. 그렇게 떠오른 의문은 그로 하여금 역사에 길이 남을 실험을 하도록 이끌기에 충분했죠.

1961년 여름, 예일대학교가 위치한 뉴 헤이븐New Haven 거리 곳곳에 실험 참가자를 모집하는 공고문이 붙었습니다. 예일대학교 심리학과에서 '기억력에 관한 연구'A Study of Memory라는 실험을 진행한다는 공고였습니다.

사실 이 실험 공고는 당시 심리학과 교수였던 밀그램이 그가 구상한 복종 실험을 수행하기 위해 만든 가짜 공고였습니다. 실제로는 권위를 가진 이에게 사람들이 얼마나 쉽게 복종하는지 연구하기 위한 실험이었죠.

밀그램이 꾸민 실험실에는 세 명이 들어가게 되어 있었습니다. 연구 총책임자인 자신과 기계를 조작할 실험 참가자, 그리고 실험을 보조할 자신의 학생이었죠. 실험은 간단했습니다. 실험 참가자는 유리 너머에 있는 학생이 얼마나 암기를 잘하는지 확인하고, 암기를 못했을 경우 자신 앞의 버튼을 눌러 전기 충격을 주는 처벌을 실시하는 것이었죠. 참가자가 줄 수 있는 전기 충격은 1단계(15볼트)부터 30단계(450볼트)까지였습니다.

참고로 만약 이 실험실에 설치된 전기 충격이 실제였다면 1단계는 그저 따끔한 수준이지만 30단계는 사망에 이를 수 있을 정도로 위험합니다. 물론 이 전기 충격 장치는 가짜였습니다. 암기력 테스트를 받는 학생은 전기 충격을 받는 척 연기하기로 되어 있었고요. 밀그램은 20~50세 사이의 평범한 사람 40명을 모집했습니다. 이들은 노동직, 전문직, 사무직 등 다양한 직종에 종사하고 있었죠.

밀그램은 본격적인 실험에 앞서 14명의 동료 심리학자를 포함한 학계의 지인에게 사전 설문을 실시했습니다. 설문에 참여한 이들은 이렇게 예측했습니다. 참가자 중 '3.73퍼센트만이 30단계까지 전기 충격을 줄 것'이라고. 참가자를 100명으로 가정한다면 3~4명 남짓한 이들만이 인간을 죽일 정도의 전기 충격을 줄 수 있을 거라고 본 것입니다. 대부분의 인간은 단순히 학습 능률이 낮다는 이유로 살인을 저지르지 않으리라는 강한 믿음이 있기에 나온 예측이었겠죠. 인간의 이성과 존엄성을 기반으로 한 예측이었습니다.

하지만 실험 결과는 충격 그 이상이었습니다. 40명 중 26명, 65퍼센트의 참가자가 30단계(치사량 수준)까지 전기 충격을 준 것입니다. 학습자가 고통을 호소하며 그만해 달라 애원했는데도 말이죠. 참가자의 대다수는 괴로워하며 자신이 사람을 죽일지도 모른다는 불안 증세를 보였습니다. 결코 신이 나서, 광기에 휩싸여서, 버튼을 난타한 것이 아니었죠. 그런데 왜 그들은 멈추지 않고 마지막 단계까지 갔던 것일까요?

바로 그들과 같은 방에 있던 밀그램 때문이었습니다. 아니, 밀그램이 아닌, 밀그램의 권위 때문이었죠. 참가자들이 그만두려고 할 때마다 밀그램은 자신이 모든 것을 책임지겠으니 처벌을 진행하라고 다그쳤습니다. 참가자들은 괴로웠지만 권위자가 전적으로 책임진다고 하자 자신의 윤리적 의식마저 그에게 완전히 맡겨버렸습니다. 이처럼 권위를 통해 다른 인간을 복종시키는 힘은 상상 이상으로 무섭고 강합니다.

인간의 이와 같은 본성을 너무도 잘 알고 있던 찰스 스노Charles Snow는 밀그램이 실험을 했던 해에 다음과 같은 선언을 했습니다.

"인류의 길고 음울한 역사를 돌이켜보면, 반항보다는 **복종이라는 미
명하에 더 끔찍한 범죄들이 저질러졌음**을 알게 될 것이다."[11]

높은 권위를 지닌 존재에게 복종하고 그의 뜻이라면 옳고 그
름에 대한 판단마저 그에게 내맡긴 채 무조건적으로 행하는 것.
이로써 스스로의 상황을 판단하는 행위는 없어지며 윤리적 고민
은 생략됩니다.

인류의 잔혹한 역사 속에서 권위를 이용한 복종이 얼마나 참
담한 피해를 불러왔는지요. 십자군 전쟁은 신의 권능을 등에 업
은 권위자의 말에 따라 일어난 것이었죠. 제2차 세계대전 때는
아돌프 히틀러Adolf Hitler로 대표되는 나치 권위자들의 말에 무조
건적으로 복종함으로써 인류 역사상 가장 참혹한 살육이 일어나
기도 했습니다.

개인의 윤리 의식과 인간에 대한 존엄마저 버리게 만들고 결국
에는 모른 척하게 만드는 것이 '권위에 대한 맹종'인 것입니다.

나치 만들기, 론 존스의 '제3의 물결'

밀그램만큼이나 권위와 복종의 악에 대한 의문이 깊었던 이가
있었으니, 미국 캘리포니아주의 고등학교 역사교사였던 론 존
스Ron Jones입니다. 1967년 봄날, 여느 때처럼 수업을 준비하던 존
스는 '독일 국민의 10퍼센트에 불과한 나치가 저지른 홀로코스트
Holocaust를 왜 막지 못했는가'에 대해 골똘히 생각하고 있었습니다.

그는 불현듯 떠오른 의문을 해소하고 싶었죠. 그리고 수업의
일환으로 독재 권력이 발생하는 메커니즘을 학생들에게 효과적
으로 설명할 방법을 구상하고 있었습니다. 오랜 고민 끝에 그는
학생들이 직접 나치가 실행했던 몇 가지 정책을 체험한다면 효과
적으로 학습할 수 있을 것이라 생각했습니다. 뿐만 아니라 이러
한 시도가 매우 흥미로운 사회 실험이 될 것이라 기대했죠.

교실에 우뚝 들어선 존스는 자신이 가르치던 고등학교 2학년
학생 30명에게 강한 어조로 새로운 집단인 '제3의 물결단'The Third
Wave 탄생을 선포했습니다. 학생들은 더 이상 존스를 평소처럼 부
를 수 없었습니다. 존스는 이제 제3의 물결단을 통해 학생들을
새 시대로 영도할 지도자의 대리인이 되었기 때문이죠. 학생들은
존스를 부를 때 항상 경어를 사용하여 '미스터 존스'Mr. Jones라고
불러야 했죠. 그러고는 나치가 사용한 로마 경례와 유사한 경례
를 해야 했습니다.

　　존스는 학생들에게 새로운 윤리 의식과 표어를 제시하고 항상 숙지하도록 했습니다. '규율을 통한 힘'Strength through Discipline과 '공동체를 통한 힘'Strength through Community, '행동을 통한 힘'Strength through Action, '긍지를 통한 힘'Strength through Pride이 그것이었죠. 이렇게 발족된 제3의 물결단에 속한 학생들은 소속 단원임을 보증할 수 있도록 빨간 십자가가 그려진 회원증을 발급받았습니다.

　　제3의 물결단이 창단된 지 3일 만에 학생들 사이에서는 전에 없던 큰 변화가 생겨났습니다. 학생들은 회원증이 없는 일부 학생들을 집단으로 따돌리고 괴롭히거나 교실에 들어오지 못하게 했습니다. 나아가 제3의 물결단에 가입하지 않은 학생을 방과 후에 구타하는 등 폭력 행위도 발생했습니다. 고작 30명에서 시작된 제3의 물결단은 실험 5일 차가 되었을 때 자생적으로 약 200명 정도까지 규모가 확장되었습니다.

　　실험 시작 5일 차. 존스는 이미 커질 대로 커진 제3의 물결단 전원에게 그들의 위대한 지도자를 맞이할 시간이 왔다며 강당으로 모이라고 지시했습니다. 단원들은 마침내 위대한 지도자를 영접할 수 있다는 기대에 들떠 강당으로 모여들었습니다.

　　그들이 모두 강당에 모였을 때 존스는 학생들을 향해 말했죠. 제3의 물결단은 허구의 단체이며 그들이 스스로 나치와 같은 독재 권력을 탄생시켰다고 말입니다. 그러고는 곧장 강당의 스크린에 히틀러와 나치의 영상을 보여줬죠. 영상을 보며 충격에 휩싸인 학생들과 함께 모든 실험은 종료됐습니다.

여러분이 보기에 존스의 실험은 성공이라 평가할 만한가요? 학생들은 존스 덕분에 몸소 나치가 되는 아주 특별한(?) 체험과 더불어 독재 권력의 탄생 과정을 학습했습니다. 그리고 그 독재 권력을 지키는 공동체의 일원이 자신들이라는 사실을 알게 됐죠.

나치와 같은 집단을 아무런 의심 없이 자발적으로 확장시켰다는 사실에 그들은 적잖은 충격을 받았습니다. 존스 역시 실험을 진행하는 동안 자신도 독재자 역할에 빠져들었다고 고백했습니다. 그는 "아무도 제3의 물결 집회에 참가한 것을 인정하지 않으려 했다. 우리 모두가 그것을 잊고 싶어 했다"라고 회고했죠. 실험은 자신과 학생들 모두에게 잊고 싶은 절망적 기억으로 자리하게 된 것입니다.

실험을 진행한 존스는 물론 참여했던 학생 모두에게 잊고 싶은 기억이 됐지만, 제3의 물결 실험은 우리에게 반드시 필요한 교훈 하나를 남겨주었습니다. 앞서 학생들을 지배했던 4개의 표어가 아닌, 서로에 대한 '이해를 통한 힘'Strength through Understanding이 우리 모두가 상생하는 데 가장 중요하다는 것을 말입니다.

이 지옥에서 한 명이라도 더 구하기를

홀로코스트는 제2차 세계대전 중 나치가 유대인과 흑인을 비롯한 특정 인종 집단과 동성애자, 전쟁 포로 등 약 1,700만 명을 학살한 사건입니다. 나치는 이들을 '불치병'incurably sick에 걸렸다고 단정했죠. 나치 독일의 주류 인종인 아리아인 우월주의와 오직 자국만을 최고로 여기며 다른 국가를 열등한 집단으로 여기는 국수주의의 결합이 가져온 역사상 최악의 학살이었습니다. 홀로코스트로 학살당한 희생자들 중 가장 큰 규모를 차지하는 것은 유대인입니다. 그 규모가 약 600만 명에 달하는 것으로 알려져 있습니다.

홀로코스트는 독일이 점령한 지역 전역에서 예외 없이 자행되었습니다. 그중에서도 가장 맹렬하게 유대인 학살이 일어났던 곳이 바로 폴란드에 위치한 아우슈비츠Auschwitz였죠. 아우슈비츠는 가히 '유대인의 살아 있는 지옥'이라 불러도 될 정도로 끔찍한 학살이 일어났던 곳입니다.

아우슈비츠에서만 1942~1944년에 걸쳐 약 110만 명의 유대인이 가스실에서 학살당했습니다. 홀로코스트로 학살당한 전체 유대인의 6분의 1이 그곳에서 살해당했습니다. 나치의 만행은 학살에서 끝나지 않았습니다. 살해한 유대인의 머리카락은 카펫으로 만들어 바닥에 깔았고, 뼈는 갈아서 비료로 만들어 땅에 뿌렸습니다. 그렇게 아우슈비츠 들판은 죽음을 먹고 자란 꽃과 풀로 무성해져 갔습니다. 망자에 대한 기본적인 예우조차 갖추지 않았던 비인간성의 극치는 아우슈비츠에서는 보통의 일상이었습니다.

인간이 다른 인간의 신체를 탈취하는 일은 고대 사회에서부터 꾸준히 있었던 일입니다. 고대 사회에서 부족 간 전쟁이 일어나면 승리한 부족은 다른 부족 구성원의 '인피'人皮나 피 등을 섭취했습니다. 그렇게 획득한 인피를 뒤집어쓰거나 적의 피를 마시고 제사를 지내기도 했죠. 이와 같은 행위는 자신이 상대한 적의 영혼과 기氣를 흡수하려는 의도 때문이었습니다. 적의 능력을 섭취하여 자신의 것으로 만든다는 신화적 의미가 강했죠.

하지만 나치가 유대인을 상대로 저지른 신체 탈취 행위는 비인간적 유희와 금전적 이득을 취하려는 목적이 전부였습니다. 유대인을 구금하기 전 그들의 모든 재산을 몰수하는 일은 매우 당연하게 일어났습니다. 그들을 학살한 후에는 인피와 모발, 금니 등을 탈취한 후 다른 상품으로 재생산해서 전쟁에 필요한 물자와 자금으로 환원했습니다. 나치에게 있어 유대인은 인간이 아닌 박멸해야 할 하등한 존재, 상품화할 수 있는 물류와 자재에 불과했던 것입니다.

"우리가 다른 인간에게 할 수 있는 최악의 일 중 하나는 비인간화라는 심리적 절차를 통해 그들의 인격을 박탈하고 무가치한 존재로 전락시키

는 것이다. '타인'이 우리와 같은 느낌, 생각, 가치, 삶의 목적을 가지고 있다고 생각하지 않을 때 이런 일이 벌어진다. 우리의 지각 속에서 그 '타인'들이 우리와 공통으로 가지고 있는 모든 인간의 특질은 축소되거나 제거된다."[12]

짐바르도는 인간이 다른 인간을 비인간화할 때 어떻게 변하는지를 위와 같이 경고했습니다. 나치가 학살한 홀로코스트 피해자들은 인간으로서 지닌 모든 특질이 삭제된 무가치한 존재로 전락했던 것입니다. 그렇기에 나치는 그들을 아무런 죄책감 없이 학살할 수 있었습니다. 마치 보기 싫은 해충을 아무런 거리낌 없이 밟아 죽이듯 말이죠.

이렇게 나치에 의해 인간이 아닌 존재로 전락해버린 유대인을 구원한 이가 있었습니다. 그는 체코 출신 나치 당원이었습니다. 나치 당원으로서 히틀러에게 충성하던 한 체코 출신 사업가가 행한 고귀한 선행은 훗날 토머스 케닐리Thomas Keneally가 집필한 『쉰들러의 방주』Schindler's Ark를 통해 비로소 알려지게 되었습니다. 스티븐 스필버그Steven Spielberg 감독의 영화 《쉰들러 리스트》Schindler's List로 잘 알려진 그 사업가는 바로 오스카 쉰들러Oskar Schindler 입니다.

쉰들러는 자신이 설립한 공장에 유대인을 고용하는 방식으로 구해냈습니다. 당시 그가 홀로코스트로부터 구해낸 유대인은 무려 1,200여 명에 달하는 것으로 알려져 있습니다. 특히 독일이 완전 항복을 선언하기 전 약 7개월 동안은 자신의 사재를 털어 유대인에게 음식과 의복을 제공하며 보호하는 등 온 힘을 다해 유대인을 구원하려 노력했습니다.

《쉰들러 리스트》에서는 유대인의 조력자로 전향한 쉰들러가 유대인과 함께 겪는 고초가 상세하게 묘사됩니다. 그중에서도 독일이 항복을 선언했다는 소식이 전해진 뒤 전범이 되어 쫓기는 신세가 된 쉰들러가 유대인들과 오열하는 장면은 언제 봐도 가슴이 먹먹해집니다.

악마이기를 거부하고 인간의 길을 택한 쉰들러. 그는 한 명

그림 2.1 수많은 유대인 포로를 구했음에도 불구하고 더 많은 유대인을 구해내지 못했음에 오열하는 오스카 쉰들러. 《쉰들러 리스트》 중에서.

그림 2.2 유대인들이 오스카 쉰들러를 기리기 위해 만든 묘비.
《쉰들러 리스트》 중에서.

이라도 더 구할 수 있었는데 그러지 못했다며 자책합니다. 그의 헌신으로 인간으로서의 삶을 다시 누리게 된 유대인들은 오열하는 쉰들러를 꼭 안아주죠.

쉰들러는 나치 당원 중 유일하게 유대인으로부터 구원받은 사람입니다. 쉰들러와 유대인은 서로가 서로를 구원한 것이죠. 쉰들러는 현재 유대인이 신성한 곳으로 여기는 지역인 시온산Zion Mountain에 묻혔고, 지금도 해마다 수많은 유대인이 그의 무덤을 찾고 있습니다.

우리는 공감의 인간이다

한 중년 남자에 대한 정신과 의사들의 진단은 이러했습니다.

"그는 나보다 더 정상이며 심지어 준법정신이 투철한 국민이다."

의사들이 말하는 '그'는 전쟁 중 수많은 포로를 죽음으로 내몬 독가스 기관차를 개발한 장본인입니다. 나치 독일 당시 히틀러를 최측근에서 보좌하던 친위대 '슈츠슈타펠'ss에서 중령까지 지냈던 그는 바로 앞서 언급했던 예루살렘 재판의 피고 아이히만입니다. 제2차 세계대전 중 그가 독일 군부에서 맡은 임무는 구금된 유대인을 효과적으로 학살하는 것이었습니다.

예루살렘에서 재판받을 당시 아이히만의 사고 능력은 매우 온전했습니다. 무엇보다 수백만의 사람을 죽일 만한 살의도 보이지 않았죠. 그는 재판정에서 담대한 어조로 다음과 같이 변론했습니다.

"나는 책임을 질 만한 권한이 있는 지도자가 아닙니다. 그렇기에 나 자신에 대해 죄책감을 느끼지 않습니다."

그렇습니다. 아이히만은 자신보다 높은 권위를 지닌 히틀러에게 자신의 '책임'을 완전히 맡겼던 사람인 것입니다. 행위에 대한 책임은 자신의 것이 아니므로 죄책감조차 느끼지 못하는 인간. 그래서 이렇게까지 진술했던 것이죠. 녹봉을 받으면서 제대로 일하지 않았다면 양심의 가책을 느꼈을 것이라고.

　일말의 죄책감도 느끼지 못하는 아이히만의 재판을 지켜본 아렌트는 다음과 같이 말했습니다.

　"타인의 처지를 생각할 줄 모르는 생각의 무능은 말하기의 무능을 낳고, 행동의 무능을 낳는다."[13]

　아이히만은 아렌트의 말처럼 무능했습니다. 무엇보다 인간으로서 너무도 무능했습니다. 인간다움이란 무엇인가에 대한 고민을 그는 해본 적이 없을 것입니다. 그렇기에 아이히만은 무능한 인간인 것입니다.

　인간다움에 대한 물음은 타인의 상황에 감정적으로 공감할 수 있느냐에 대한 문제로 귀결됩니다. 타인의 상황과 처지에 대해 고려할 수 있고 아픔에 공감할 수 있는 능력을 갖춘 인간을 제러미 리프킨Jeremy Rifkin은 '호모 엠파티쿠스'Homo Empathicus라 명명했습니다. 바로 공감의 인간이죠.

　리프킨은 『공감의 시대』Empathic Civilization에서 말했습니다. 타인도 나처럼 유한한 생명을 가지고 잘 살아보려 발버둥치는 존재임을 인식하고 공감할 때, 우리는 비로소 살고자 하는 그들의 의지를 지지할 수 있다고.[14] 우리 인간이 고도의 문명을 건설할 수 있었던 가장 중요한 이유는 다른 존재에 대한 높은 수준의 공감 능력을 가졌기 때문입니다. 다른 존재와 함께 감정을 나누고 그 존재를 이해하려는 노력의 본능을 가지고 있는 것이 바로 우리 인간입니다. 그렇게 함께 공존하려 했던 노력이 지금 우리 문명을 지탱하는 것이죠.

이와 반대로 우리가 그 어떤 존재보다 파괴적일 수 있는 이유는 다른 존재에게 전혀 공감하지 못하는 무능함 때문이죠. 아렌트의 표현을 빌리자면, 이것이 바로 '생각의 무능'입니다. '타인의 처지'에 대해 생각하기를 거부하기 때문에 스스로의 행동에 대해 무능해지고, 그것이 불러올 결과에 대해 무책임해지는 것입니다.

'영원한 책임'을 가슴에 품다

2015년 5월, 하늘에서 시린 비가 추적추적 내리던 어떤 날. 한 사람이 나치 포로수용소 기념관을 찾았습니다. 희생자를 기리는 벽 앞으로 뚜벅뚜벅 말없이 걸어간 그는 꿇어앉은 채 고개를 숙이고 묵념했습니다. 그는 바로 독일 총리 앙겔라 메르켈Angela Merkel이

그림 2.3 나치 포로수용소 기념관에 꽃을 올리는 앙겔라 메르켈.

었습니다.

그렇게 참배한 날 메르켈은 나치 독일이 저지른 일이 되풀이 되지 않도록 그것을 절대로 잊지 말아야 한다고 수차례 강조했습니다. 최고 권위를 지닌 그녀가 인간으로서 가져야 할 최고의 책임이 무엇인지를 강조했던 것입니다. 히틀러가 권력을 장악한 날로부터 80주년이 되기 바로 며칠 전, 메르켈은 이미 '영원한 책임'을 강조한 바 있습니다.

"우리는 나치의 각종 범죄와 제2차 세계대전 희생자, 그리고 무엇

보다도 홀로코스트에 대해 **영원한 책임**이 있다.")¹⁵

　　나치 독일에게 고통받은 타인과 타인의 고통에 공감하지 못한 사람들. 이들에 대한 죄의식을 감당해야 하는 인간으로서의 책임에 대해 메르켈은 말했습니다. 그 책임 의식은 과거를 살아온 이들도, 현재를 살아가는 이들도, 그리고 미래의 세대도 필히 갖추어야 하는 것이죠. 책임을 놓아버리고 권위에 맹종하는 순간 우리는 똑같은 잘못을 또다시 되풀이할 것이니까요. 메르켈이 말한 '영원한 책임'을 우리 모두는 반드시 가슴속에 품고 살아야 하겠습니다. 제대로 된 인간으로서, 제대로 살기 위해서.

'휴브리스'hubris. 고대 그리스인들은 자신의 힘이 어디에서 나오는 지를 망각한 채, 그 힘이 온전히 자신의 것이라고 믿는 인간의 교만을 이렇게 불렀다.

학생 없이는 대학교도 없고 교수도 없다. 그런데, 교수라는 이들 중 몇몇은 학생에 대한 뒷담화를 하고, 성적평가나 지위를 악용해 학생을 대상으로 갑질을 저지른다. 그들은 교수 자격이 없는 사람들이다. 그저 운때가 좋아서 교수가 됐을 뿐.

악질 교수들은 휴브리스를 명심하라. 당신이 어떤 힘과 지위를 가졌다면, 그것은 분명 선량하고 열심히 사는 학생들에게서 아주 운 좋게 빌려온 힘이다.

단 한 번도, 그 어떤 힘도 당신의 소유였던 적은 없었고 앞으로도 그럴 것이다.

— 본문에서 다룬 작품
《쉰들러 리스트》(1993)

— 함께 보면 좋을 작품
《브이 포 벤데타》(2005), 《디 벨레》(2008),
《어시스턴트》(2021)

3장

사이코패스는
무슨 생각을 할까

사이코패스의 뇌구조

2014년 4월 16일, 서해의 검은 바다 속으로 수백 명의 목숨이 침몰해버렸다. 세월호 참사로 인한 우울함이 일상을 지배했던 어느 날. 친구 P를 만나 술을 한잔 마시게 됐다. 당연히 주제는 세월호 참사였다. 이런저런 세월호 소식들을 술잔과 함께 주거니 받거니 몇 차례. P가 무심한 듯 툭 말을 던졌다.

'그래도 산 사람들은 죽은 사람 덕분에 보험금은 몇억씩 받았으니 그게 어디냐. 그걸로 위안 삼고 잘살아야지.'

P의 말을 듣던 그 순간 소주의 쓴맛이 나지 않았다. P의 그 무심한 말이 일순간 내 미각을 앗아갔고, 나는 소름과 함께 술이 깼다.

P는 사이코패스의 사고방식을 갖고 있었다.

사이코패스에 관한 오해와 진실

'사이코패스'psychopath 라는 용어가 한국 사회에 본격적으로 등장한 것은 언제일까요? 2000년대 초반이었던 것으로 기억합니다. 강호순이나 유영철과 같은 연쇄살인마들이 저지른 잔혹한 범죄가 사회 전반에 큰 파장을 일으켰을 때죠. 이때 언론사들은 앞다퉈 그들에게 사이코패스라는 수식어를 붙였습니다.

언론뿐 아니라 각종 영화나 소설, 드라마 속에서도 광기 어린 범죄자로서 사이코패스는 매력적인 아이템으로 급부상했습니다. 차가운 감정과 명석한 두뇌를 소유한, 그야말로 잔인무도한 사이코패스는 가장 두려운 범죄자의 전형이 되기에 충분하니까요.

현재 사이코패스라는 용어는 대부분 '광기의 살인마' 혹은 그렇게 될 가능성이 농후한 이를 지칭하는 의미로 쓰이고 있습니다. 그런데 이 용어가 처음 등장했을 때는 이보다 훨씬 넓은 의미를 가졌습니다.

필립 피넬Philippe Pinel은 사이코패스를 처음 명명한 인물입니

다. 그는 정신 질환이 없고 이해력이 충분한 상태에서 사회 통념
에 벗어나는 행위를 하는 사람을 사이코패스라 지칭했습니다.[16]
여기서 '사회 통념에 벗어나는 행위'라는 말 자체가 상당히 모호
합니다.

그것이 사회적으로 용인되지 않는 행위를 의미할 수도 있고,
전통적 통념을 전복시키는 행위를 의미할 수도 있기 때문이죠.
즉 이전에는 전혀 생각지 못했던 혁신적 행위 또한 피넬의 정의
에 따르면 사이코패스라는 것입니다. '사이코패스=광기의 살인
마'라는 공식은 우리가 사이코패스를 부정적으로 생각할 때 발생
하는 오류로 볼 수 있습니다. 사이코패스에 대한 대표적인 오해
인 셈이죠.

또 다른 오해 중 하나는 사이코패스를 정신 질환으로 생각하
는 경향입니다. 사실 사이코패스는 정신의학적 병명으로 공인받
은 적이 없습니다. 보도 등에서 그것이 정신 질환인 양 흔히 언
급되기에 정신 질환으로 여겨지는 경우가 많을 뿐입니다. 미국
정신의학회APA, American Psychological Association에서 발간하고 있는 가
장 공신력 높은 정신 질환 분류 및 진단서인 『정신 질환의 진단
및 통계 편람 제5판』Diagnostic and Statistical Manual of Mental Disorders Fifth
Edition에서도 사이코패스는 정식 용어로 등장하지 않습니다.

하지만 언젠가는 사이코패스 또한 정신 질환으로 편입될 가
능성이 있다고 봅니다. 대중적으로 이미 널리 통용되는 개념이

기도 하고, 사이코패스만의 독특한 특징들이 있기 때문입니다. 다만, 새로운 정신 질환으로서 사이코패스를 정립시키려면 의학 및 법조계의 방대하고 심도 높은 작업이 요구됩니다. 즉 상당한 시간이 걸린다는 것이죠. 그리고 사이코패스와 '소시오패스'sociopath를 구분해 사용하는 경우가 있는데, 사실상 같은 말입니다. 심리학계에서는 사이코패스라는 표현을 선호하는 편이고, 사회학계에서는 소시오패스라는 표현을 선호하는 편이라 보면 되겠습니다.

이처럼 공인받지 않은 용어인 사이코패스를 군이 정신 질환으로 본다면 이것과 가장 가까운 용어는 무엇일까요? 정신의학자들은 그나마 제일 가까운 개념으로 '반사회성 성격 장애'Antisocial Personality Disorder를 꼽습니다. 반사회성 성격 장애는 타인의 권리를 무시하거나 침해하는 광범위한 행동을 말합니다. 앞서 피넬이 말한 '사회 통념에 벗어나는 행위'에 가장 가까운 성격 장애라고 볼 수 있는 것이죠. 이러한 반사회성 성격 장애는 보통 사춘기를 겪는 15세 전후의 청소년들에게서 시작됩니다.

사춘기를 보내는 청소년들은 몸과 마음에 큰 변화를 겪습니다. 그와 같은 심리적 격동 속에서 타인을 대하는 적절한 방법을 익히게 되죠. 하지만 반사회성 성격 장애를 가진 사람의 경우 그 시기에 제대로 된 사회화가 이뤄지지 못합니다. 타인을 대할 때 상당히 부적절한 행동이 나타나죠. 그런데 이러한 반사회성 성격 장애의 특성이 사이코패스의 그것과 완전히 부합하지는 않습니다. 뒤에서 더욱 자세히 이야기하겠지만, 사이코패스의 경우 보통 사람보다 더 능숙하게 사회관계를 구축하는 경우가 많기 때문입니다. 그럼 어떻게 사이코패스를 찾아내고 특정할 수 있을까요?

혹시 나도 사이코패스는 아닐까

사이코패스는 몇몇 정신 질환에 일부 부합하는 특성도 보이지만, 그것들에 완전히 들어맞지는 않습니다. 그런데, 우리 주변에 존재하는 사이코패스를 특정하거나 자신이 사이코패스인지 여부를 손쉽게 가리는 방법이 있습니다. 바로 문진표를 작성해보는 것입니다.

사이코패스를 진단하는 문진표 중 가장 대표적인 것은 'PCL-R'입니다. 이것은 1991년 로버트 헤어Robert Hare가 개발한 '사이코패스 체크리스트 개정판'Psychopathy Checklist-Revised을 말합니다. 헤어는 20개의 진단항목을 정리했고, 각 항목별로 0~2점을 체크하도록 하는 문진표를 만들었습니다. 모든 항목을 진단한 뒤 합산한 점수에 따라 사이코패스에 대한 가능성을 볼 수 있는 것이 바로 PCL-R입니다.°

PCL-R은 실제 사법 재판이나 정신의학연구에서 활용됩니다. 인터넷에서도 쉽게 찾아볼 수 있을 정도로 널리 알려져 있습니다. 다음 표는 PCL-R의 한국어 버전입니다.

여러분은 몇 점이나 나왔나요? 아마 대부분 25점을 넘기지 못했을 것입니다. 그 이유는 PCL-R의 경우 범죄자 성향이 강한 '폭력적 사이코패스'를 가려내기 위한 질문들이 많기 때문입니다. 사이코패스라고 해도 폭력적 사이코패스일 확률은 매우 낮습니다. 그렇기에 여러분이 설령 사이코패스라 해도 폭력적 사이코패스가 아니라면 문진표를 통해서는 알 수 없는 것이죠. 저의 경우는 15점이 나왔는데, 일부 질문(말솜씨, 자존감, 충동 등)에 대해서는 '그럴 것 같은데?' 혹은 '그렇기도 하고'라는 모호한 느낌으로 점수를 매겼습니다.

사실 문진표로는 객관적인 지표를 내기 힘든 경우가 많습니다. 문진표에 명시된 문항들이 애매모호한 경우가 많기 때문입니다. 우리는 보통 애매모호한 명제가 등장하면, 대개는 자신이 그 명제에 부합하는 사람이라 생각하는 경향을 보입니다. 이러한 경향을 '포러 효과'the Forer Effect 혹은 '바넘 효과'the Barnum Effect라고 합니다.

○ 사이코패스로 확정하는 기준은 국가별로 상이합니다. 이를테면 미국에서는 30점 이상, 영국에서는 25점 이상일 때 사이코패스로 판단합니다.

문항	아니다	아마도	그렇다	모르겠다
1) 언변이 좋음/피상적 매력				
2) 과도한 자기존재감				
3) 자극 추구/쉽게 지루함을 느낌				
4) 병적인 거짓말				
5) 타인을 잘 속이거나 조종함				
6) 후회 혹은 죄책감 결여				
7) 얕은 감정				
8) 냉담하거나 공감능력 결여				
9) 타인에게 기생하는 생활방식				
10) 행동통제력 결핍				
11) 문란한 성생활				
12) 아동기 행동문제				
13) 현실적인 장기 목표의 부재				
14) 충동성				
15) 무책임성				
16) 자신의 행동에 대한 책임감 결여				
17) 여러 번의 결혼 •				
18) 청소년기의 비행 ••				
19) 가석방 혹은 유예 취소 ••				
20) 다양한 범죄력 •••				

표 3.1 사이코패스 체크리스트(PCL-R)

아니다=0점, 아마도=1점, 그렇다=2점, 모르겠다=X
- 연령 30세 미만: 0~1회=0점, 2회=1점, 3회 이상=2점
  30세 이상: 0~2회=0점, 3회=1점, 4회 이상=2점
- •• 위반사항 없음=0점, 경미한 범죄=1점, 주요 범죄=2점
- ••• 0~3가지=0점, 4~5가지=1점, 6가지 이상=2점
  40점 만점이며 30점 이상(미국)이나 25점 이상(영국)일 경우 '사이코패스'로 분류

포러 효과(바넘 효과)

1948년 버트럼 포러Bertram Forer는 심리학을 전공하고 있는 자신의 학생들 39명에게 '성격 심리 검사'를 실시했습니다. 포러는 13가지 항목이 들어간 문진표를 나누어주고 자신의 성격에 부합하는 정도에 따라 항목마다 0~5점을 체크하도록 했죠. **39명의 학생들이 체크한 평균 점수는 4.3으로 매우 높았습니다.** 그들은 13가지 항목이 거의 모두 자신의 성격에 부합한다고 판단했는데, 사실 그 항목들은 신문에 실린 별자리 운세를 참고해 만든 것이었습니다.

많은 사람들은 자신의 별자리나 혈액형에 맞는 특정한 성격이 있다고 믿습니다. 또 신문 등에 실린 운세는 누구에게나 적용 가능할 법한 보편적 내용을 담고 있음에도, 사람들은 그것이 자신의 얘기라고 믿는 경향이 있습니다.

즉 보편적 명제를 자신만의 특성으로 여기는 경향이 우리에게 있다는 것입니다. 이것을 위 실험을 통해 증명한 사람이 포러였고, 포러 효과는 그의 이름을 딴 용어인 것이죠.

포러 효과는 종종 바넘 효과라 불리기도 합니다. 바넘 효과는 피니어스 테일러 바넘P.T. Barnum이라는 사람의 이름에서 따온 말인데, 바넘은 서커스단에서 처음 본 사람들의 성격을 맞추는 공연을 하던 사람이었습니다. 그는 누구에게나 맞을 법한 애매모호한 말로 사람들의 성격을 맞추는 수법에 매우 능숙했죠. 이러한 바넘의 모습을 보고 미국의 심리학자 폴 밀Paul Meehl은 1956년에 바넘 효과라는 용어를

만들었습니다. 당시 심리학계에서는 애매모호한 말로 상담치료를
하는 심리학자들이 문제가 되고 있었는데요. 밀은 그러한 세태를 비
판하기 위해 바넘 효과라는 용어를 만들었던 것입니다.

그러니 만약 PCL-R 문진표에서 높은 점수가 나왔다고 해도
너무 놀랄 필요는 없겠습니다. 포러 효과 때문일 수 있으니까요.
그리고 여러분이 진짜 사이코패스라면 40점 만점이 나온다 해도
놀라지 않을 것입니다. 사이코패스는 감정 변화가 거의 없으니까
요. 감정에 거의 영향을 받지 않는, 아니 감정이 아예 없는 것만
같은 사이코패스에 대해 좀 더 알아보도록 하죠.

감정을 잃고 비어버린 뇌와 마음

제임스 팰런James Fallon은 사이코패스를 연구하는 사이코패스입니
다. 이게 무슨 말장난이냐고요? 어느 날 그는 여러 장의 fMRI(기
능성 자기공명영상법) 사진을 뒤지다가 소스라치게 놀라고 말았습
니다. 사이코패스의 뇌가 틀림없는 사진을 한 장 발견했는데, 그
것은 다름 아닌 자신의 뇌 사진이었던 것입니다. 이후 팰런은 자
신의 선조 중 살인마가 여럿 있었다는 이야기를 어머니에게 듣게
되었고, 자신에게 사이코패스 유전자가 흐르고 있음을 확신하게

됩니다.

수십 년간 사이코패스를 연구하던 팰런은 사이코패스의 뇌
가 보통 사람의 뇌와 달리 일부 기능하지 않는 부분이 있다는 것
을 발견했습니다. 〈그림 3.1〉에서 볼 수 있듯 사이코패스는 뇌의
가운데 영역 대부분이 낮은 활성도를 보이거나 아예 활동하지 않
는 것으로 나타납니다. 이 영역들은 안와피질과 복내측전전두피
질, 대상피질, 전대상피질, 측두엽 하단, 편도체, 변연피질 등을
포함하고 있죠. 이 영역들은 대부분 우리의 감정적 활동에 관여
하는데, 그중에서도 변연피질은 감정 조절에 깊이 관여하는 부위
로 알려져 있습니다.

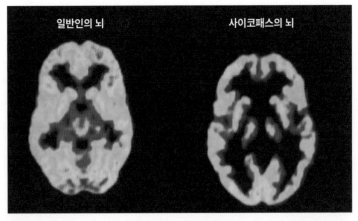

그림 3.1 전체 영역이 고르게 활성화된 일반인의 뇌(왼쪽)와 가운데 영역 대부분이 비활성화된 사이코
패스의 뇌(오른쪽).

뇌과학자들은 변연피질을 '감정피질'이라 부르기도 합니다. 여러분 입장에서도 감정피질이라는 용어가 더 편하게 느껴질 것입니다. 감정 관련 영역들이 활성화되지 않기 때문에 사이코패스는 감정 충격에 쉽게 동요하거나 일희일비하지 않는 특징을 지닙니다.

차가운 머리와 얼어붙은 가슴으로 살아가는 존재

'차가운 머리와 뜨거운 가슴'이라는 표현이 있습니다. 냉철하고 합리적인 이성으로 객관적인 판단을 하고, 뜨거운 열성을 쏟아 부을 수 있는 사람을 칭할 때 쓰는 표현이죠. 가장 이상적인 현대 인을 지칭할 때 종종 쓰는 표현입니다.

사이코패스는 이 말에 절반 정도 부합하는 존재입니다. 사이코패스의 머리와 가슴은 모두 차갑습니다. 따라서 냉정하고 합리적인 판단을 내리는 데 거침이 없습니다. 팰런은 사이코패스에게는 사랑이나 인간적인 감정을 주고받고자 하는 욕구가 거의 없다고 말합니다. 죄책감이 들도록 만드는 양심 또한 거의 기능하지 않죠. 또한 명랑하며 근심이나 걱정이 없습니다. 상당히 사교적이면서도 타인에 대한 거리감과 냉담함, 무관심을 갑작스레 드러내는 것이 바로 사이코패스입니다.

　이러한 독특한 성향이 나타나는 이유는 사이코패스 뇌는 감정의 영향을 거의 받지 않기 때문입니다. 사이코패스의 뇌는 보통 사람의 뇌와 상당히 다르게 기능합니다. 선천적으로 감정과 관련된 영역이 대부분 기능하지 않습니다. 어떤 일을 수행할 때 감정과 이성이 마찰을 일으키는 경우가 거의 없다고 보면 되겠습니다. 이성과 합리라는 측면에서 본다면 그 어떤 뇌보다도 효율적으로 기능하는 것이 바로 사이코패스의 뇌인 것이죠.

　하지만 그 덕분에 공감 능력은 거의 제로에 가깝습니다. 팰런은 감정과 관련한 인간의 능력 중 두 가지를 가장 중요한 요소로 꼽는데요. '공감'empathy과 '동정'sympathy이 바로 그것입니다. 팰런의 정의에 따르면, 공감은 타인의 다양한 감정에 대한 연대감이며 생애 초기 단계에 발달합니다. 사이코패스에게는 그 공감 능력이 부재합니다. 그는 타인의 감정 변화를 '발견'할 수는 있지만 그 감정을 느끼거나 공유하지 못합니다. 애초에 뇌가 그쪽으로 기능하지 않으니까요.

　그런데 여기서 의문이 하나 생깁니다. 저는 앞서 사이코패스는 인간관계 구축에 능하다고 말했습니다. 공감을 전혀 하지 못하는 사이코패스가 어떻게 놀라울 정도로 뛰어난 사교성을 가질 수 있는 걸까요? 그것은 바로 팰런이 강조한 두 번째 능력, 동정때문입니다. 그의 정의에 따르면, 동정이란 타인의 상실감이나 고통을 발견하고 그것에서 헤어날 수 있도록 돕고자 적절한 방식을 취하는 태도입니다.

그렇습니다. 사이코패스는 사람의 감정을 이성적으로 분석하고 판단합니다. 누군가 눈물을 흘리며 슬퍼한다면, 그 슬픔에 대한 인과관계를 분석하고 그에 따라 취해야 할 자신의 행동 양식은 무엇인지 따져보는 식입니다. 태생적으로 타인에게 공감할 수 없는 사이코패스는 타인에게 동정하는 방법을 연습하는 길을 택하기 마련입니다. 원활한 인간관계를 위해 말이죠.

타인의 감정에 공감하지 못한다 하더라도 그들은 가장 보편적이고 실패율이 낮은 동정 방식을 알고 있는 것입니다. 상대의 다양한 감정에 적합한 동정 행위를 학습하고 잘 수행하는 '사교 활동 전문가'라 보면 되겠습니다. 이렇다 보니 평범한 사람들은 그들이 공감을 잘한다고 착각할 수밖에 없는 것이죠.

사이코패스는 태생적으로 공감 능력이 없습니다. 대신 그들은 탁월한 동정 능력을 가졌고, 이런 사이코패스의 능력은 현대 인간 사회에서 매우 훌륭하게 기능합니다. 감정적으로 많이 지쳐 있는 현대인에게는 공감보다 동정이 더 필요합니다. 능숙한 방식으로 동정하며 다가오는 사이코패스에게 우리는 더욱 안정감을 느낄 수도 있는 것입니다.

사이코패스의 전술과 전략, 그리고 강박

여러분은 모르는 사람과 처음 마주할 때 무엇을 통해 그 사람을 판단하나요? 보통은 가장 먼저 눈에 들어오는 그 사람의 외적인 모습을 보겠죠. 그리고 한번 이야기를 나눠봄으로써 그 사람의 됨됨이와 지적인 수준 등을 파악하려 할 것입니다. 이것이 우리가 보통 누군가의 첫인상을 판단하는 수순입니다.

만약 사이코패스와 처음 마주한다면 여러분은 그에 대해 어떠한 첫인상을 갖게 될까요? 사이코패스를 연구하는 많은 학자들은 입을 모아 이야기합니다. 사이코패스는 상당히 매력적인 사람으로 첫인상을 평가받을 가능성이 높다고요.

사이코패스는 자기관리가 철저하고 뛰어난 화술을 지닌 경우가 많습니다. 그래서 매력적이고 사람을 이끄는 인물형이 많습니다. 그들은 감정적인 부분보다는 인지 능력이 발달했기에 지적으로 뛰어난 능력을 지녔죠. 다양한 영역에 대한 지성을 가지고 있으며 보편적 선과 공공 이익을 위한 발언에 능합니다.

유연하고 원만한 인간관계를 만들기 위해 그들은 되도록 적을 만들지 않으려 합니다. 따라서 특정 정치 성향이나 학문적 성향을 드러내지 않음으로써 다른 사람과의 의견 충돌을 피하는 노련함을 보이죠. 또 보편적 선을 추구함으로써 자신을 중립 지대에 위치시키려 노력합니다. 이는 자신의 비정상적 욕구를 감추기 위한 전략일 가능성이 큽니다.

　매력적인 첫인상을 지닌 사이코패스를 잘 묘사한 영화가 있습니다. 바로 메리 해론Marry Harron 감독의 《아메리칸 사이코》American Psycho 입니다. 영화의 주인공이자 사이코패스인 패트릭 베이트먼Patrick Bateman은 유연한 인간관계를 구축하기 위한 전략을 사용합니다. 그리고 특유의 강박에 대한 디테일까지도 매우 잘 보여줍니다.

> 패트릭 베이트먼　내 이름은 패트릭 베이트먼. 27세다. 난 외모 관리에 있어 매우 철저하다. 균형 잡힌 식단, 규칙적인 운동…. 아침에 얼굴이 부었다 싶으면 복근 운동을 하면서 팩을 한다. (…) 베이트먼이란 존재는 다소 추상적이다. 실제의 내가 아닌 신기루 같은 무언가가 있을 뿐이다.

　맨해튼 중심가의 고급 아파트에 살고 있는 베이트먼은 매력적인 인물입니다. 그는 성공한 금융인이며 피부와 몸매 관리에 철저합니다. 명품 의류와 액세서리로 자신의 외적 매력을 최대한 끌어올리는 방법도 잘 알고 있습니다. 허니아몬드 바디스크럽과 젤 클렌저, 모이스처라이저 등 일일이 나열하기 힘들 정도로 많은 세정제를 사용해 외모를 가꾸죠. 여기에 완벽한 복근 유지를 위한 윗몸일으키기 천 번도 결코 잊지 않고 해냅니다. 이러한 모습에서 그의 집착에 가까운 자기 관리를 엿볼 수 있습니다.

패트릭 베이트먼 스리랑카의 일 외에도 중요한 사안들이 넘쳐나. 인종차별을 종식시키고 핵무기 경쟁을 완화해야 하지. 테러와 기아도 막고 거리 노숙자들을 위해 숙식을 제공해야 해. 모든 인종에게 시민권을 부여하고 여성들에게 동등한 권한을 줘야 해. 젊은이들이 전통적 도덕관념을 중시할 수 있도록 해주고 사회 문제에 관심을 갖고 물질주의를 타파할 수 있어야 해.

외모 관리만으로는 그저 빛 좋은 개살구에 머물 수밖에 없다는 걸 베이트먼은 잘 알고 있습니다. 그는 지인들 앞에서 보편적 선에 대한 일장연설을 막힘없이 해내죠. 완벽한 외모에 사회 다방면에 걸친 지적인 면모까지 드러낸 그의 발언은 언제나 보편타당한 선善을 지향하는 것으로 보이죠. 맨해튼의 사이코패스는 그렇게 '패트릭 베이트먼'이라는 지성과 매력이 넘치는 가면을 만들어낸 것입니다.

하지만 그렇게 노력하여 만든 지성과 매력으로도 억누르지 못하는 것이 있었으니, 사이코패스 특유의 집착입니다. 상류 사회에서 서로 면식 없는 이들이 처음 만났을 때 하는 일은 바로 서열 정리입니다. 자신이 몸담은 회사와 직위를 드러냄으로써 간편하게 서열을 정리할 수 있죠. 이를 한번에 깔끔하게 할 수 있도록 도와주는 것이 바로 명함입니다. 베이트먼은 명함에 대한 과도한 집착을 보입니다. 그에게 있어 명함은 얼굴이고 정체성인 것이죠.

새로 명함을 만든 날 베이트먼은 명함이 얼마나 좋은 소재와 예술혼으로 만들어졌는지를 자랑합니다. 그런데 다른 사람이 더욱 디테일이 뛰어난 명함을 보여주자 충격과 분노로 얼굴이 굳어버리죠.

여러분은 〈그림 3.2〉와 〈그림 3.3〉의 명함 중 어떤 것이 뛰어난지 알 수 있나요? 알아낼 수 있다면, 여러분은 분명 명함에 조예가 깊은 사람이겠죠. 수업 중 학생들에게 이 장면을 보여주면서 각기 다른 명함들의 차이나 고급스러움을 알 수 있겠냐고 물어보곤 합니다. 물론 거의 모든 학생이 고개를 좌우로 절레절레 저으며 이해할 수 없다는 표정을 짓습니다. 아직 명함을 만들어보지 않았으니 디테일이 보이는 게 이상한 거겠지요.

패트릭은 이 장면에서 정상이라 보기 힘든 강한 집착을 보입니다. 그는 명함의 글씨체와 재질, 테두리의 깎임 정도, 워터마크 등 온갖 디테일에 모든 신경과 감각을 곤두세웁니다. 그러고는 그날 밤 살인을 저지르죠. '명함대첩'에서 완벽히 패배한 그는 참을 수 없는 분노를 폭력과 살인으로 해소해버린 것입니다.

인간은 대개 어느 정도 수집욕과 집착을 가지고 있습니다. 하지만 사이코패스의 경우 일반적으로 이해하기 힘든 영역에 비정상적으로 집착하는 경향이 있죠. 이것이 폭력적으로 드러날 때도 있습니다. 베이트먼처럼 말이죠. 바로 그 순간 사이코패스는 그 누구보다 냉혹하고 잔인한 살인마로 돌변하는 것입니다.

이러한 사이코패스의 집착은 영화나 소설, 그리고 언론 등에

그림 3.2 패트릭 베이트먼의 명함보다 돋보이는 티모시 브라이스의 명함.
그림 3.3 압도적인 퀄리티를 지닌 폴 앨런의 명함.
그림 3.4 폴 앨런의 명함을 보면서 충격과 분노에 사로잡힌 패트릭 베이트먼.

서 판타지 요소로 부각되어 대중의 흥미를 끌기도 합니다. 이것
이 바로 우리가 사이코패스라는 단어에서 냉혹하고 스마트한 살
인마의 이미지를 먼저 떠올리는 이유입니다.

리더로 활동하는 '친사회적 사이코패스'

매년 사이코패스 관련 기사가 수백 건씩 쏟아져 나옵니다. 흉악
범죄와 자주 연계시켜 대중의 관심과 흥미를 불러일으키곤 하죠.
저는 이러한 세태를 '언론의 자극적 유희'라고 부르겠습니다.

　　관련 보도에는 학술 연구 및 보고를 통해 밝혀진 사이코패
스의 특성과 다른 부정확한 정보가 너무 많습니다. 사이코패스에
대한 부정확한 정보와 흥미 요소를 끌어와 대중을 자극하려는 의
도가 다분하죠. 사이코패스에 대해 막연한 공포와 두려움을 조장
하는 이러한 세태에 대한 반성이 필요하지 않을까요?

　　팰런에 따르면, 모든 문화권에는 약 2퍼센트 정도의 비율로
사이코패스가 존재한다고 합니다. 그는 이러한 비율이 상당히
'바람직한' 정도라고 주장합니다. 특히 진일보한 사회와 혁신적
변화를 이루기 위해 사이코패스는 필수적이라고 말하죠. 사이코
패스는 감정이 배제된 차가운 이성을 통해 냉철한 판단을 내릴
수 있습니다. 합리적이고 단호한 결단을 내려야만 하는 순간에

그 누구보다 유리하죠.

또한 사이코패스는 모험에 능합니다. 쉽게 두려움을 느끼지 않기 때문이죠. 새로운 영역에 도전하고 그 길을 개척하려는 정신이 강합니다. 살인마가 되는 경우는 극히 소수에 불과한데도, 우리는 사이코패스 하면 먼저 살인마부터 떠올리죠. 사이코패스는 그 특유의 냉철한 능력과 깊은 지성을 바탕으로 다양한 영역에서 리더로 활동하는 경우가 많습니다. 이들을 '친사회적 사이코패스'라 부르겠습니다.

친사회적 사이코패스의 대표적 인물로 스티브 잡스Steve Jobs를 꼽을 수 있습니다. 그는 사이코패스 CEO의 예로서 자주 언급되는 인물이기도 합니다. 잡스의 확고부동한 목적의식 설정과 수행 능력은 사이코패스의 대표적인 특징입니다. 물론 이 능력이 최대한 발휘되는 동안 감정의 역할은 축소 또는 배제되기 마련이죠.

생전의 잡스는 두 가지 확고한 목적을 지닌 채 아이맥과 아이폰 등의 제품을 만들어냈습니다. 그 하나는 '예술성'이고, 다른 하나는 '보편성'입니다. 전자는 그 누구도 변형하거나 손상시킬 수 없는 오롯한 예술 작품으로써 기계를 만들어내겠다는 의지를 표명한 것이죠. 후자는 수많은 이들이 편하게 사용할 수 있는 보편적 기기에 대한 고집을 드러내고 있습니다.

1980년대는 개인용 컴퓨터가 보급되던 시기였습니다. 조립형 컴퓨터가 대세였죠. 사용자들은 스스로 디자인이나 사양을 업그레이드할 수 있는 컴퓨터를 선호했습니다. 그런데 잡스가 만들고자 했던 컴퓨터는 하나의 오롯한 예술품이어야만 했죠. 명화에 덧칠하는 것이 용납될 수 없듯 그의 예술품으로써 출시될 컴퓨터에는 그 어떤 변화도 용납되지 않았죠.

잡스의 예술성에 대한 고집은 애플 컴퓨터 공동 창립자이자 그의 오랜 동료 스티브 워즈니악Steve Wozniak마저 떠나게 만듭니다. 오랜 동료를 칼같이 끊어내면서까지 예술성이라는 목표를 좇던 잡스는 결국 해내고 맙니다. 일체형 컴퓨터 아이맥 G3의 화려한 성공을 이끈 것이죠. 잡스의 이런 성향은 이후 아이폰과 아이패드 등 일체형 스마트 기기가 세계 IT 시장을 제패하는 데에도 크게 기여하죠.

다음으로 보편성과 관련해 잡스는 새로운 기술은 모두가 향유해야 한다는 고집이 있었습니다. 만약 잡스가 스마트 기기를 소수 상류층에게만 보급할 목적으로 프리미엄 구매나 럭셔리 아이템 전략을 펼쳤다면 어땠을까요? 우리는 분명 더욱 늦은 시기에 스마트 세계를 접하게 되었을 것입니다.

이러한 성향을 지녔던 잡스를 단순히 고집 센 사람 정도로 여길 수는 없습니다. 고집만 센 이들은 그저 감정에 휩싸인 채 논리를 잃기 쉽죠. 결국 불완전한 선택을 하고 맙니다. 하지만 잡스는 그의 목적을 위해 가차 없이 인간관계를 끊어버렸습니다. 그 과정에서 최고의 합리를 좇는 모습을 보여주었죠. 감정은 그의 목적의식을 훼손하거나 흔들 수 없었습니다.

잡스의 사이코패스적 면모를 보여주는 또 다른 예를 들어보겠습니다. 리사 브레넌Lisa Brennan과의 일화입니다. 잡스는 브레넌의 친부냐 아니냐로 큰 이슈가 된 적이 있습니다. 브레넌이 태어난 직후부터 잡스는 그녀가 자신의 딸이 아니라고 공공연하게 말했습니다. 그녀에 대한 친권을 부정한 것이죠. 결국 그들은 DNA 검사를 통해 정말 친부녀 관계인지 여부를 판단하는 과정을 거치게 됩니다. 이 DNA 검사 결과에 대한 잡스의 입장 표명은 상당히 놀라웠습니다.

당시 잡스를 인터뷰한 마이클 모리츠Michael Moritz는 『타임』지에 실을 기사를 작성하고 있었죠. 모리츠와의 인터뷰에서 잡스는 브레넌과 자신 사이의 뜨거운 친부 논쟁 이슈에 대해서 이렇게 답했답니다. 자신이 친부일 확률은 94.1퍼센트로 나왔으며, 이는 미국 남성 인구의 28퍼센트가 브레넌의 친부일 가능성을 보여주는 결과라고 말이죠. 놀라울 정도로 침착하고 냉정하게 DNA 검사 결과를 해석한 그의 모습에서 사이코패스 전형을 엿볼 수 있습니다.

잡스의 냉혹한 발언은 당시 취재를 담당한 모리츠에게 큰 충격을 주었나 봅니다. 모리츠는 원래 생각해두었던 기사 제목 '올해의 인물'Person of the Year을 〈그림 3.5〉처럼 '올해의 기계'Machine of

그림 3.5 'Machine of the Year'라는 제목이 붙어 있는 1983년 1월의 『타임』지 표지.

the Year로 바꾼 뒤 탈고했죠. 잡스를 인간이 아닌 차가운 기계라 비판한 것입니다. 이후 잡스는 브레넌과 화해하고 그녀를 딸로 인정했습니다. 그리고 췌장암으로 임종을 맞이하기 전 그녀에게 수백만 달러의 유산까지 남겼다고 합니다.

아주 냉철한 사이코패스의 면모를 보여주던 잡스가 돌연 따뜻한 면모를 갖추게 된 이야기를 듣고 나니 어떤가요? 저는 '어쩌면 잡스의 사이코패스 뇌가 노화와 병환 탓에 변한 것은 아니었을까' 하는 흥미로운 생각이 들기도 했습니다. 결코 피할 수 없는 죽음의 시련이 사이코패스마저 바꿔놓은 걸까요? 여하튼, 저

는 이러한 잡스의 변화를 사이코패스도 결국은 인간이기에 변화
한다는 것을 확인할 수 있었던 사례로 남겨 두겠습니다.

인류 번영을 위한 '양날의 검'

잡스가 만약 사이코패스가 아니라 감정에 영향을 많이 받는 보통
사람이었다면 어땠을까요? 사이코패스가 아닌 잡스는 과연 그
의 주변에 산적한 문제들을 그토록 냉철하게 처리할 수 있었을까
요? 아마도 못했을 것입니다. 보통 사람으로서는 감당하기 힘들
정도의 스트레스가 그를 지독하게 괴롭혔겠죠. 친한 동료와의 일
생일대 사업을 건 시점에서 벌인 논쟁, 친권 문제, 자신이 창립한
회사에서 쫓겨난 일 등등.

　하지만 사이코패스였던 잡스는 스트레스에 대해 선천적으
로 강했을 것입니다. 사이코패스의 가장 큰 장점 중 하나는 강력
한 면역 체계입니다. 일명 스트레스 호르몬이라 불리는 '코르티
솔'cortisol은 전신으로 퍼져나가며 스트레스와 불안을 일으키죠.
팰런에 따르면, 사이코패스는 태생적으로 이 코르티솔을 제어하
는 능력이 강합니다. 사이코패스는 코르티솔 분비가 갑작스레 증
가하거나 오랜 시간 지속적으로 분비되는 상황을 스스로 통제할
수 있는 것이죠.

그래서 사이코패스는 스트레스를 받는 시간이 보통 사람에 비해 월등히 짧습니다. 스트레스를 주는 요인으로부터 쉽게 벗어나며 금세 마음을 다잡고 집중할 수 있죠. 스트레스를 덜 받으니 질병에 대한 저항력도 강합니다. 뛰어난 면역력은 사이코패스의 타고난 특성입니다. 사이코패스는 정신적 소요와 불안, 질병에 대해 강한 내성을 지닌 존재인 것입니다.

사이코패스는 이처럼 많은 장점을 가지고 있습니다. 원만한 환경에서 잘 성장하면 인류 발전에 이바지할 수도 있습니다. 하지만 그들이 유년기에 아동 학대나 성폭력 등 심각한 정신적 충격을 입는다면 얘기가 달라집니다. 폭력적 사이코패스로 자랄 확률이 매우 높아지죠. 팰런은 폭력적 사이코패스의 조건으로 이런 것을 꼽습니다. 선천적으로 감정에 무딘 뇌, 환경적 요소, 아동 학대. 참고로 범죄자가 된 사이코패스의 99퍼센트가 아동 학대 경험이 있다고 말합니다.

즉 사이코패스는 양육 환경에 따라 전혀 다른 모습으로 성장합니다. 유년기의 경험이 사이코패스를 살인마로 만들 수도, 친사회적 사이코패스로 만들 수도 있는 것이죠. 그들은 타고난 양날의 검이라 할 수 있겠습니다.

나아가 팰런은 사이코패스와 그 유전자를 사회에서 제거해 버리면 인류는 종말을 맞게 될 것이라고까지 주장합니다. 물론 비약으로 볼 수도 있습니다. 그러나 진취적이고 합리적이며 때로 사적인 감정을 완전히 배제할 수 있는 사이코패스는 이 사회에 꼭 필요한 존재입니다. 올곧게 성장한 사이코패스가 가진 놀라운 능력은 인류를 더욱 나은 곳으로 이끌 것이라고 저는 믿습니다.

우리는 사이코패스에 대한 오해에서 벗어나 그들이 친사회적 사이코패스로 자라날 수 있는 환경이 구축되도록 관심과 노력을 기울여야 합니다. 유희와 공포의 대상이 아닌, 인류의 합리와 이성이 극대화된 존재로서의 사이코패스가 우리에겐 반드시 필요하니까요!

그날의 술자리 이후, 나는 이전과 같은 시선으로 P를 볼 수 없었다. 수년의 시간이 흘러 P와는 더 이상 연락을 하지 않는다. 딱히 뭔가 다툼이 있었던 것도 아니었기에 '자연스레' 멀어졌고, 나는 내 자신의 삶을 충실히 살고 있다. 아마 P도 그럴 것이다.

보통의 인간에게는 돈으로 도저히 바꿀 수 없는, 돈보다 귀한 것이 분명히 있다. 그런데, 사이코패스는 천성적으로 보통 사람과는 사고방식과 논리가 다르기에 이것을 잘 이해하지 못한다. 친구였던 P처럼 말이다. 그는 사이코패스의 '본능적이고 냉철한 합리'를 가졌다. 그는 계속 그렇게 자신이 믿는 합리적 사고방식을 좇으며 살아갈 것이다. 그것이 그의 본성이니까.

— 본문에서 다룬 작품
《아메리칸 사이코》(2000)

— 함께 보면 좋을 작품
《스티브 잡스》(2015), 《설록》(BBC One, 영국 드라마),
『닥터 프로스트』(네이버 웹툰)

4장

#거짓말

#연극성성격장애

#리플리증후군

#뮌하우젠증후군

#꾀병

#사기

#보이스피싱

#태양은가득히

#재능있는리플리씨

#피노키오

인간은 왜
속고 속이는 것일까

거짓말의 진실

M은 제법 다복한 가정에서 태어났다. 가난했지만 불행하지 않았고, 남들 하는 거 다 하지 않아도 시샘하거나 질투할 일은 없었다. 주어진 것에 만족하고 분수에 맞는 삶을 즐겁게 살면 된다며 M은 열심히 그녀의 삶을 완성해왔다. 그 시절의 평범한 다른 여인들처럼 선을 봐서 결혼했고 아이 둘을 낳아 성심껏 키웠다. 어느덧 자식들은 장성해 독립하고 M은 은퇴한 남편과 유유자적한 삶을 즐기고 있었다.

그러던 어느 날. M은 의문의 전화를 한 통 받았다. 전화 속 남자는 이렇게 말했다. 당신 아들을 데리고 있으니, 아들을 살리고 싶으면 당장 돈을 보내라고. 핸드폰 저편에서 들리는 아이의 고통스러운 비명소리에 정신을 잃을 듯 아득해진 M은 곧장 가까운 은행으로 달려가 수백만 원을 입금했다. 그렇게 M은 보이스피싱을 당했다.

M은 나의 어머니다.

우리는 왜 거짓말을 할까

거짓말을 하는 동물은 인간뿐입니다. 인간이 거짓말을 하는 경우는 크게 두 가지입니다. 첫째, 병적인 거짓말, 둘째, 꾸며낸 거짓말입니다. 흔히 하얀 거짓말이라고 하는 선의의 거짓말도 여기에 해당합니다.

2010년 런던과학박물관은 성인 남녀 3,000명을 대상으로 거짓말에 관한 설문 조사를 실시했습니다. 어떤 거짓말을 가장 많이 하는지, 하루 중 거짓말은 몇 번이나 하는지 등을 물었습니다. 과연 우리는 일상에서 어떤 거짓말을 가장 많이 하고 있을까요?

런던과학박물관의 조사 결과는 상당히 흥미로운 관점을 제시했는데요. 먼저 남자가 가장 많이 하는 거짓말은 '술을 많이 마시지 않았다'였습니다. 그리고 여자가 가장 많이 하는 거짓말은 '잘 지낸다' 혹은 '괜찮다'였고요.

남녀의 대답에서 차이가 보이나요? 남자는 자신이 행한 일이나 정황에 대해 거짓말하는 경향이 있다면, 여자는 감정 상태를 숨기기 위한 거짓말을 하는 경향이 나타납니다.

실제로 남자와 여자가 거짓말을 할 때 쓰는 전략과 행동에서도 차이가 나는 것으로 보고되고 있는데요. 남자는 자신이 저지른 잘못이 드러나지 않도록 그것으로부터 주의를 돌리는 식으로 거짓말하는 경향이 나타났습니다. 한편 여자는 자신의 감정이 얼굴에 드러나지 않도록 무표정을 짓는다거나 거짓 웃음을 보이는 등의 태도를 취하는 것으로 나타났죠. 그리고 성인 남녀의 거짓말 횟수는 하루 평균 2~3회로 밝혀졌습니다. 매일같이 거짓말을 하고 있다는 말이죠.

우리는 왜 습관처럼 거짓말을 하며 사는 걸까요? 거짓말을 많이 하는 것이 혹시 정신 질환은 아닐까요? 거짓말에 관한 여러 궁금증을 지금부터 풀어보려 합니다.

주인공이 되고픈 욕망

거짓말을 병적으로 하는 사람들이 있습니다. 말 그대로 입만 열었다 하면 거짓말하는 사람들. 이들은 왜 거짓말을 밥 먹듯이 하는 걸까요? 가장 큰 이유는 바로 '관심' 때문입니다. 관심을 끌기 위해 거짓말을 한다는 것이죠. 특히 자신에 관한 거짓말을요.

자신이 사람들 사이에서 소외되거나 화제의 중심에서 소외

되는 상황을 못 견디는 사람이 있습니다. 그런 사람은 매혹적이고 흥미로운 이야기를 지어내거나 교태를 부려서라도 자신에게 관심을 집중시키려 노력합니다. 관심을 못 받는 상황을 도저히 견딜 수 없기 때문이죠. 이런 증상이 심각한 수준에 이르면 '연극성 성격 장애'에 빠집니다. 연극성 성격 장애란 말 그대로 자신의 상황과 처지를 연극하듯 꾸며내는 심리 장애를 말합니다.

이 장애를 앓는 사람은 자신이 집단을 이끄는 리더라는 환상을 품고 모든 것을 주도하려 합니다. 자신의 능력과 집단의 성과와는 상관없이 무조건 주도적 위치에 있고 싶어 하는 것이죠. 특히 거짓말이나 부담스러운 행위로 관심을 끌려다 보니, 점점 다른 사람을 질리게 만드는 부정적 효과가 나타나기도 합니다.

연극성 성격 장애자의 행동을 '자기 극화'self-dramatization라고 부릅니다. 연극성 혹은 과장된 감정 표현을 수시로 드러내는 증상입니다. 자신이 마치 드라마나 영화의 주인공이라도 된 양 행동하는 것이죠. 물론 자신감을 가지고 주도적으로 행동하는 것은 매우 중요합니다. 하지만 이들은 거짓된 환상에 빠진 채 자신이 상황을 주도한다고 착각하기 때문에 문제가 됩니다.

뭔가 이목을 끄는 사실을 제시하는 듯하지만 이야기를 자세히 들어보면 논리가 부족하고 산만합니다. 그야말로 말이 안 되는 소리를 하는 경우가 많습니다. 그런 말을 늘어놓으며 그저 이목을 집중시키는 데만 부단히 노력합니다.

연극성 성격 장애자는 감정 표현도 극단적으로 합니다. 종종 과도한 감정 표현으로 주변 사람을 당황하게 만들죠. 감정 기복이 큰 편이라 갑자기 엉엉 운다거나 분노 발작을 보이기까지 합니다.

상대가 자신을 어떻게 생각하는지 자의적으로 친밀감을 재단하는 성향도 자주 나타납니다. 한 번 봤을 뿐인데 세상에서 가장 친한 사람인 듯 행동하거나 상대방을 지나치게 믿는 식으로 인간관계에 서툰 면모를 보이기도 합니다. 그야말로 감당하기 어려운 유형이라 볼 수 있겠죠.

연극성 성격 장애는 이처럼 티 나는 거짓말을 병적으로 하는 증상입니다. 그런데 앞서 언급했듯 보통 사람도 하루 평균 2~3회의 거짓말을 합니다. 그럼 이 거짓말을 어떻게 하면 알아차릴 수 있을까요? 이를 위해 사람이 거짓말할 때 나타나는 몇 가지 현상을 알아봐야겠습니다.

거짓말하는 이들의 진짜 얼굴

거짓말하는 이들의 행동과 심리에 관해 학술적으로 정의하려는 시도는 많습니다. 김형희는 『한국인의 거짓말』에서 거짓말과 관련한 대표적인 이론을 세 가지 꼽았습니다. '의도적 통제 이론',

'거짓말의 감정 이론', '뇌의 인지부하 이론'입니다.[17] 이 세 가지
이론을 통해 사람이 거짓말할 때 두드러지는 행동과 심리에 대해
살펴보도록 하죠.

첫 번째, 의도적 통제 이론입니다. 거짓말하는 사람은 언어
적·비언어적 행위를 엄격하게 통제한다는 것입니다. 자신의 거
짓 의도를 숨기고 상대방에게 진실을 말하는 것처럼 보이도록 말
이죠. 거짓말의 단서가 드러나지 않도록 자신의 표정이나 행동,
말 등에 대해 미리 생각하고 행동하기 때문에 부자연스럽게 보이
는 것이 특징입니다.

대표적 행위로는 무표정 짓기, 단답형 대답, 거짓 미소, 불필
요한 정보 제공 등이 있습니다. 상대가 평소답지 않게 억지 미소
를 짓는다거나 부산스럽게 말을 하면서 주의를 끌려 한다면 거짓
말을 하는 건 아닌지 의심해볼 수 있겠죠?

다음으로는 거짓말의 감정 이론입니다. 거짓말하는 사람은
거짓말을 하는 순간 두 가지 감정 요소에 크게 동요된다는 이론
입니다. 여기서 말하는 두 가지 감정이란 바로 '두려움'과 '쾌락'
입니다. 거짓말이 도덕적으로 옳지 못한 일이라는 의식이 양심을
자극하기에 두려움과 죄책감이 나타나는 것이죠. 이 경우 나타나
는 신체적 반응은 안면 비대칭, 빠른 눈 깜빡임, 입술에 침 바르
기, 목소리 톤 변화 등입니다.

이중 재밌는 것이 입술에 침 바르기와 목소리 톤 변화입니

다. 실제로 긴장하면 입안 수분이 부족해지는데, 자신의 거짓말이 탄로 날지 모른다는 생각에 입이 바짝바짝 마르는 것이죠. 그래서 '입에 침이나 바르고 거짓말을 해라!'라는 꽤 근거가 있는 말입니다. 입안의 수분이 부족해지니 목소리가 갈라지는 일도 수시로 나타나는 것이고요.

쾌감은 거짓말에 성공했다고 자신했을 때 나타나는 감정입니다. 상대를 속이는 상황 자체가 자신이 지적으로 우월하다는 식의 쾌감을 줍니다. 이때 나타나는 대표적 반응으로는 한쪽 입꼬리를 올리며 미소 짓는 것인데, 상당한 자신감이 동반된 표정이라 보시면 되겠습니다.

마지막은 뇌의 인지부하 이론으로 뇌에 가중되는 정보 부하에 관한 연구입니다. 거짓말은 기본적으로 창작 활동이라는 관점에서 접근하죠. 거짓말은 존재하지 않는 정보를 창조하는 지적 활동이라는 것입니다. 이 이론에 따르면, 거짓말을 유려하게 하는 사람은 상당히 높은 수준의 지적 활동을 수행한다고 볼 수 있겠습니다.

뇌의 인지부하 이론에 따르면 거짓말하는 사람은 거짓 정보를 창작하고 논리를 만들어낼 시간을 벌기 위한 행동을 많이 한다고 봅니다. 똑같은 질문 반복하기, 오랜 시간 침묵 유지하기, 일부러 대답 늦게 하기 등 '의식적 정체 구간'이 발생하는 경우가 많습니다.

하지만 이 또한 연습을 통해 충분히 극복할 수 있다고 보는 시각이 지배적인데요. 거짓이 일상이 돼버린 사기꾼 혹은 병적으로 거짓말하는 이들에게는 이 이론을 적용하기 힘들다고 보는 것이죠. 이를테면 연극성 성격 장애를 가진 경우 의식적 정체 구간의 발생 확률이 현저히 떨어져 이 이론에서 주지하는 거짓말의 특징을 눈치 채기 힘들다는 것입니다.

자, 이제 거짓말하는 사람이 보이는 증상에 대해 많이 알게 됐으니, 어지간한 거짓말쯤은 금방 알아차릴 수 있겠죠? 그런데 어떡하죠. 안타깝게도 이 모든 것을 알고 있다 하더라도 우리가 다른 사람의 거짓말을 알아차리기란 매우 어렵습니다. 사실 훈련을 받은 심리학자들도 거짓말을 알아차릴 확률은 10퍼센트 안팎에 불과합니다.

보통 우리가 일상에서 이야기를 나눌 때는 대화에 매몰되어 상대의 신체적 증상을 살피는 일을 수행하기 어렵습니다. 그래서 대화 중 상대방이 거짓말을 하더라도 알아차리기란 정말로 어려운 일이죠. 특히 상대가 병적으로 거짓말하는 사람인데다 자신의 거짓말을 진실이라고 믿는 경우라면 더욱 어렵겠죠.

스스로 만들어낸 환상의 나라에 갇히다

퍼트리샤 하이스미스Patricia Highsmith는 병적으로 거짓말을 하고 자신이 만든 거짓 환상을 진짜라 믿는 천부적 거짓말쟁이를 창작했습니다.『재능 있는 리플리씨』The Talented Mr. Ripley의 주인공 톰 리플리Tom Ripley는 병적으로 거짓말하는 사람의 대명사가 됐습니다. 이후 하이스미스 작품은 1960년《태양은 가득히》Purple Noon, 1999년《리플리》The Talented Mr. Ripley로 각각 영화화되었고, 거짓말쟁이 리플리는 세계적인 유명 캐릭터가 됐죠.

'리플리 증후군'Ripley Syndrome이란 용어는 리플리의 이름에서 따온 말입니다. 자신이 만든 거짓을 진실이라 믿으며 현실 세계를 부정하는 증상을 일컫는 말이죠.

연극성 성격 장애와 구분하기 위해 리플리 증후군에서 두드러지는 점을 좀 더 분명히 해줄 필요가 있겠습니다. 리플리 증후군은 자신의 현재 모습에 심각한 열등감을 느끼고 더 높은 위치의 가짜 인물을 만들어낸 뒤 그 존재가 자신이라고 믿는 증상입니다.

작품 속 리플리는 엄청난 부를 지니고 하고 싶은 걸 마음껏 하고 사는 인물 디키 그린리프Dickie Greenleaf를 자신이라고 착각하며 살아갑니다. 별 볼 일 없고 하찮은 존재인 자신을 잊고 말이죠. 처음엔 그린리프를 흉내 내는 정도였지만 그를 살해한 뒤에는 자신이 그린리프라고 완전히 믿는 지경에 이릅니다. 즉 자신의 열등감을 채워줄 환상을 만든 뒤 그에 걸맞은 거짓 현실을 연쇄적으로 만들어내는 것이 리플리 증후군입니다.

리플리 증후군을 가진 이들은 자신이 만든 환상을 억지스럽게 현실로 만들려는 모습을 보입니다. 자신이 조작하지 않은 있는 그대로의 현실을 현실로 받아들이지 못하는 것이죠. 스스로 만든 환상의 시나리오대로 현실이 조작되기를 바라고 그것을 철저하게 믿으려고 합니다. 환상에 중독되고 마는 것이죠.

이들은 시시각각 변하는 현실에 맞춰 거짓말을 급하게 만들어냅니다. 그러고는 매우 태연한 척하며 거짓말을 위장하기 위한 또 다른 거짓말을 만들어내죠. 즉흥적으로 만든 거짓말이기 때문에 논리는 매우 빈약하고, 결국엔 탄로 나고 마는 것이 리플리 증후군의 특징입니다.

한국 사회에서 이 리플리 증후군이 널리 알려지게 된 사건이 있었습니다. 바로 '동국대학교 신정아 사건'입니다. 2007년 외신에 「재능 있는 신씨」The Talented Ms Shin라고 소개될 정도로 사회적 파장이 컸던 사건입니다. 학력 위조를 비롯한 무수한 거짓말을 통해 교수직까지 올라갔던 신정아는 지금도 한국에서 리플리 증후군을 이야기할 때 단골로 언급되는 인물입니다.

이 사건은 2007년 동국대학교에서 교수로 재직 중이던 신정아의 학력 위조로 불거진 거짓말 스캔들입니다. 예일대학교 박사

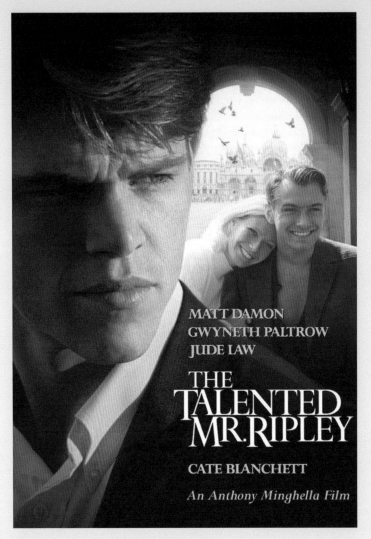

그림 4.1 맷 데이먼이 주연한 영화 《리플리》.

http://news.independent.co.uk/world/asia/article2765578.ece

16 July 2007 10:23

The talented Ms Shin (or how one woman conned her way into South Korea's cultural aristocracy)

By Daniel Jeffreys in Seoul

Published: 13 July 2007

Imagine an attractive and talented young woman who said she had an art history doctorate from Oxford. Vivacious and persuasive, she becomes the director of the Tate Gallery. Then, just after being hired to curate the Royal Academy's Summer Exhibition, she is exposed as a fake who failed to get a single A-level.

This scenario, reminiscent of a Patrica Highsmith novel with its hint of The Talented Mr Ripley, is precisely the scandal now rocking the Korean art world after one of its rising stars, Shin Jeong-ah, was unveiled as a fraud.

Until this week, Shin, 35, was at the top of her profession. Claiming to have a doctorate from Yale and a master's degree from Kansas University, she was the youngest professor at Seoul's prestigious Dongguk University and the head curator of the Sungkok Art Museum, home to some of Korea's most prestigious exhibitions and the recipient of millions of pounds in corporate sponsorship from the country's biggest conglomerates.

In the past 12 months Shin's shows have included high-profile retrospectives for the British illustrator John Burningham and the French multi-media artist Alain Fleischer. The latter was a major event organised as part of the 120th anniversary of diplomatic relations between Korea and France. The opening, which Shin attended in her role as chief curator, was hosted by the French ambassador to Seoul.

그림 4.2 「재능 있는 신씨」 라는 제목으로 외국에서 기사화된 '동국대학교 신정아 사건'.

학위를 인터넷 동영상 강의로 취득했다는 말도 안 되는 거짓말이 있었고, 그것을 확인해준 당시 예일대학교 단과대학과장의 실수 등이 중첩되면서 그녀의 거짓말이 정당성을 얻은 황당한 사건이었죠. 결국 동국대학교와 예일대학교는 국제 소송까지 벌이는 등 국내뿐만 아니라 세계적으로 이슈가 된 사건입니다.

그 후 신정아는 결국 감옥 신세를 지게 됐는데, 감옥에서도

온갖 거짓말로 혼자만의 그릇된 환상을 만들어냈다는 후문이 종
종 전해집니다. 신정아는 아마 지금도 자신의 거짓말을 진짜 현
실이라 굳게 믿고 있을 것입니다. 리플리 증후군은 이처럼 환상
에서 빠져나오지 못하는 무서운 증상입니다.

리플리 증후군이 자신이 만들어낸 환상에 중독되는 증상이
라면, 자신이 거짓말한다는 것을 인식하면서 그것을 이용하려는
증상도 있습니다. '뮌하우젠 증후군'Münchausen Syndrome이라는 것
입니다. 정신과의사인 리처드 애셔Richard Asher가 명명한 용어인
뮌하우젠 증후군은 루돌프 라스페Rudolf Raspe의 소설『뮌하우젠
남작의 모험』Baron Munchausen's Narrative of his Marvellous Travels and Campaigns
in Russia의 주인공 뮌하우젠 남작Baron Münchausen의 이름(참고로 소설
은 실존 인물 뮌하우젠 남작에게서 영감을 얻었습니다)에서 착안한 용
어입니다. 작품 속에서 뮌하우젠은 다른 사람의 관심을 끌기 위
해 이야기를 과장하거나 허풍을 떠는 인물로 묘사되죠. 애셔는
이러한 뮌하우젠의 특징을 꾀병과 연결시켜, 아픈 척하며 타인의
관심을 끄는 사람들을 뮌하우젠 증후군이라 불렀습니다. 쉽게 말
해 꾀병 증후군입니다. 실제로 앓고 있지 않은 병이나 장애가 있
는 것처럼 거짓말하고 관심을 유도하니까요.

뮌하우젠 증후군을 앓는 사람은 자신이 거짓말하고 있다는
사실을 명확하게 인지하고 있습니다. 그렇기 때문에 자신의 거짓
병세가 탄로 나면 즉시 병원을 옮기거나 거짓 병력으로 진단받은

사실을 모른 척하는 등 곧장 태세 전환을 합니다.

　이들은 병에 걸린 것처럼 연기해 관심을 받고 의사를 속이는 것에서 쾌락을 느낍니다. 스스로가 거짓말을 하고 있다는 사실을 명확하게 인지하고 있는 상태이기 때문에 치료는 쉽지 않습니다. 심리 치료를 받는 중에도 끊임없이 의사를 속이려 하죠. 자신이 불리할 경우 다른 병원으로 도망가서는 또 거짓 병력을 만들고 환자 행세를 합니다.

　리플리 증후군은 심리 치료나 망상 약물 치료 등을 통해 치료를 기대해볼 수 있지만, 뮌하우젠 증후군은 치료 가능성이 매우 낮다는 것을 알아두면 좋겠습니다.

나무 피노키오와 인간 피노키오

제페토Geppetto 할아버지가 만든 나무 인형 피노키오Pinocchio는 거짓말로 세상에서 가장 유명한 캐릭터일 것입니다. 거짓말할 때마다 코가 쑥쑥 자라는 피노키오. 그래서 우리는 거짓말하면 코가 길어진다는 표현을 종종 쓰기도 하죠. 피노키오로서는 여간 불편한 게 아니었습니다. 무엇보다 코가 길어지는 것은 그가 그토록 원했던 인간 소년답지 못한 증상이었죠.

　여기서 우리는 하나의 의미를 발견할 필요가 있습니다. 마지막에 그토록 원했던 인간이 된 피노키오가 목숨을 걸고 좇았던 것은 거짓이 아니라 진실이었음을 말이죠. 그는 진실로 인간이 되고 싶었고 그 마음에는 하나의 거짓된 욕심도 없었습니다. 인간인 척하는 것이 아니라 오직 인간이 되려 했던 것이죠.

연극성 성격 장애든, 리플리 증후군이든, 뮌하우젠 증후군이든 거짓말로 점철된 심리 장애를 앓는 사람은 본인이 나무 인형이 아니라 진짜 인간이라 믿는 피노키오와 닮았죠. 자신만의 만족을 위한 거짓 환상을 만들기에, 남들이 보았을 때는 그 길어진 코가 너무 부자연스러운데 이를 모른 채 살아갑니다.

이들에게 가장 중요한 것은 현실을 직시하고 깨닫는 것입니다. 자신이 만들고자 하는 이상적 자아 이미지가 현실의 자신을 지속적으로 발전시켜야 한다는 것을. 차근차근 자신을 발전시켜 가시적이고 실효성 있는 자기 발전을 이뤄가야 합니다. 피노키오가 온갖 역경을 딛고 마침내 그토록 바라던 인간이 됐듯이 말입니다. 억지로 왜곡시킨 현실과 자아는 결국 신기루처럼 한순간에 없어져버린다는 사실을 알아야 합니다.

에른스트 크리스Ernst Chris는 모든 인간은 자기 서사를 가진다고 말합니다. 이러한 자기만의 서사를 크리스는 '개인적 신화'Personal Myth라 불렀습니다. 인간은 자신이 지금 처한 상황을 정당화하려 기억을 왜곡하는 등 자신을 재창조하기 위한 서사를 만들게 되는데, 이것이 바로 개인적 신화입니다. 예를 들면 실패를 딛고 성공을 추구하는 사람의 경우 자신이 처한 비관적 현실이 성장을 위한 밑거름이라 믿습니다. 이러한 경우 개인적 신화 속 자신은 '영웅'이나 '생존자'로 여겨집니다. 고난을 극복하고 영웅적 성취를 이뤄 더 나은 내가 될 수 있다고 믿기 때문이죠.

하지만 병적으로 거짓말을 하는 사람은 개인적 신화에서 자신을 '희생자'로 여기는 경향이 강합니다. 비관적 현실 속에서 원래의 자아를 죽이고 전혀 새로운 자아를 만드는 것이죠. 게임을 하다가 마음에 들지 않는다고 계정을 삭제하고 새 계정을 만드는 것에 비유할 수 있겠습니다. 자신에게 닥쳐온 고난을 받아들일 자신이 없어 자신이 만족하는 거짓 현실을 만드는 것입니다. 그리고 이 거짓 현실은 끊임없이 자신을 비롯해 주변을 파괴해버립니다.

크리스는 상담 치료를 통해 이들이 자신의 개인적 신화 속에서 영웅이 될 수 있도록 만들어줘야 한다고 주장합니다. 우리는 우리 인생에서 성장하는 존재여야 합니다. 싫다고 포기할 수 없는 인생을 애써 외면하고 왜곡하는 것은 오히려 자신을 더욱 깊은 나락에 떨어뜨리는 행위입니다.

나아가 우리가 거짓말에 대해 지니고 있는 인식의 개선도 반드시 필요합니다. 우리나라에서 가장 많이 일어나는 범죄가 사기라는 것을 알고 계신가요? 2013년 세계보건기구WHO, World Health Organization에서 조사한 국가별 범죄 현황 조사에서 우리 한국은 당당하게(?) 사기 부문 1위를 차지했습니다. 거짓말에 능한 사람도 많고 그만큼 거짓말에 당하는 사람도 많다는 방증이겠죠.

헨드릭 하멜Hendrick Hamel은 그 유명한 『하멜 표류기』에서 조선인을 신랄하게 비판했습니다. 남을 속이는 경향이 매우 강하고 남을 속이는 데 성공하면 그것을 매우 잘한 일로 여긴다면서요. 물론 조선에서 온갖 고초를 겪었던 하멜이기에 부정적 시각으로 썼을 수 있겠죠. 그렇다 하더라도 '속은 사람이 잘못한 것'이라는 잘못된 의식이 우리 사회에 만연한 것은 부정할 수 없겠습니다.

한국인의 거짓말에 관한 연구를 한 김형희 역시 "타인에게 거짓말을 지적받는 것은 가장 치명적인 모욕이다. 그리고 모욕이 되어야 한다. (…) 그러나 우리 사회에서는 속였다가 들키는 사람의 회복보다 속은 사람의 회복이 훨씬 어렵다"[18]고 말했습니다. 우리 사회가 얼마나 거짓말에 관대한지를 지적한 것이죠.

어째서 진실로 양심을 지키며 바르게 살아온 사람이 바보 취급을 당해야 하는 걸까요? 거짓말한 사람이 잘못이지, 왜 우리는 속은 사람이 바보라고 혀를 끌끌 차며 손가락질하는 걸까요? 우리는 거짓에 능한 피노키오가 아닌, 진실을 좇아 진짜 인간이 된 피노키오를 되새겨봐야겠습니다.

거짓으로 점철된 삶은 인간다운 삶이 아닙니다. 만약 당신이 어떤 목적을 위해 거짓말을 해야 한다면 당신도 행복하지는 않을 것입니다. 거짓말을 하는 당신의 혀끝과 손끝에 의해 상대방을 파멸에 빠뜨릴 수 있습니다. 나쁜 의도를 한껏 담은 악한 거짓말로 인해 상대방을 순식간에 홀리고 정신을 못 차리게 만들기도 합니다. 처음에 제가 언급했던 보이스피싱 사례처럼 말이죠. 때로는 속은 사람을 절망의 구렁텅이에 빠뜨리고 심지어는 목숨을 빼앗기도 합니다.

　부당한 이득과 상대가 원치 않는 재미를 취하기 위해 하는 거짓말은 절대로 용인해선 안 될 것입니다. 사기 범죄에 대한 처벌도 지금보다 강화시켜 거짓으로 얻은 이득보다 그에 따른 책임이 더 크다는 사실을 인식할 때, 우리는 서로에 대한 신뢰를 키우고 더욱 진실한 소통을 할 수 있습니다.

다행히 입금한 돈의 절반은 출금 정지를 걸어 찾을 수 있었다. 입금 후 30분이 지나기 전에 정신을 차린 어머니가 경찰에 신고를 한 덕분이었다.

지금 돌이켜봐도 황당한 사건이다. 내가 납치당했다는 얼토당토않은 말에 속다니…. 그 사건 이후 한동안 어머니는 자책하며 괴로워하셨다. 돈이야 다시 벌면 되는 것이고 내가 전화를 못 받은 탓이라며 위로해 드렸지만, 잃은 돈보다는 황당한 거짓말에 속아서 보이스피싱 일당의 말에 정신을 못 차렸다는 사실에 괴로워하셨다.

*덧: 어머니가 경찰에 보이스피싱 피해를 신고하러 간 날, 전직 경찰 서장도 보이스피싱을 당했다며 옆에서 진술하고 있었다. 누구나 보이스피싱의 피해자가 될 수 있다.

— 본문에서 다룬 작품
《태양은 가득히》(1960), 《리플리》(1999)

— 함께 보면 좋을 작품
《더 헌트》(2012), 《완벽한 타인》(2018),
《보이스》(2021)

5장

#관음증
#절시증
#바라보기
#훔쳐보기
#고다이바
#피핑톰
#CCTV
#조지오웰
#1984
#빅브라더
#포스트빅브라더
#블랙미러
#화이트베어

#시선의권력
#판옵티콘
#라이프로그시스템

그들은 무엇을
훔쳐보는가

포스트 빅브라더의 시대

내가 어릴 때는 이경규의 〈몰래카메라〉라는 프로그램이 인기를 끌었다. 연예인들이 당황하며 어쩔 줄 몰라 하는 상황을 연출하고 그걸 몰래 훔쳐보는 이경규의 멘트와 웃음을 보는 것이 프로그램의 묘미였다. 다른 방송에서 볼 수 없는 연예인들의 진솔한 모습을 볼 수 있다는 것이 특히 재밌었던 기억이 있다.

요즘 몰래카메라는 그야말로 몰래 촬영하는 카메라를 말한다. 다른 사람의 은밀한 부분을 촬영한다거나 몰래 설치해둔 카메라로 성행위를 촬영하는 등. 스마트폰과 카메라 기술이 발달하면 할수록 명백한 범죄인 '몰카'가 더욱 은밀하게 판을 치고 있다.

바라볼 수 있기에 우리는 존재한다

40억 년 전 등장한 지구 최초의 생명체는 살아남기 위해 본능적으로 빛을 찾아 움직였습니다. 생명체의 생존 본능이 태양으로부터 오는 에너지를 찾도록 했습니다. 그렇게 빛을 좇던 그 최초의 생명체는 지난 40억 년 동안 무수히 많은 자손을 이 지구에 번식시키는 데 성공했습니다.

원초적인 생존을 가능케 한 시각視覺이 없었다면 어땠을까요? 지구 위 그 어떤 생명체도 현재의 모습으로까지 진화하지 못했을 것입니다. 즉 우리가 가진 눈은 40억 년 진화의 역사를 가진 가장 오래된 기관이며, '시세포'視細胞는 생존 욕망이 빚어낸 가장 원초적이면서 강렬한 자극을 담당하는 몸의 조직인 것이죠.

시각은 우리가 가장 많이 의존하는 감각이라 할 수 있죠. 인간이 가진 다른 감각에 비해 시각은 훨씬 더 직관적이고 분명한 정보를 이미지로써 포착해냅니다. 시간이 흐르면서 빛과 어둠을 구분하는 수준을 훨씬 뛰어넘어 대상이 가진 다채로운 정보를 포착하는 수준까지 진화했습니다.

　시각은 인간 문명이 창조한 수많은 상징 체계를 읽어내기도 합니다. 글과 그림, 문양, 몸짓 등 일련의 정보를 담은 상징은 시각을 통해 바라보는 과정을 통해 의미가 전달되죠. 그렇기에 이렇게 말할 수 있겠습니다. 우리가 무언가를 본다는 행위는 그 안에 담긴 정보를 통해 우리의 감정 변화까지 일으킬 수 있는 활동이라고.

순수한 즐거움을 위한 바라보기

대상에 대한 정보를 지속적으로 습득한다는 사실에 만족하며 스스로의 시선 안에 대상을 두는 것 자체를 즐기는 인간의 본능을 '절시'窃視, scópo라 합니다. 절시에는 '바라봄'이 가져오는 모든 종류의 만족과 즐거움이 포함됩니다. 아이가 엄마를 바라보며 안정감을 느끼고 웃는 것에서부터 예술 작품을 바라보며 심미적 기쁨을 얻는 것까지. 특히 자신을 둘러싼 환경과 정보를 획득할 수 있기에 생존과 밀접한 원초적 욕구라 할 수 있습니다.

　지그문트 프로이트Sigmund Freud는 절시의 욕망을 '절시증'scópophilia이라 이름 붙였습니다. 절시증을 보는 행위에서 오는 모든 즐거움이자 인격 형성을 위해 유아기 때부터 내재된 본능적 욕구라 보았죠. 아이는 부모와 주변 사람을 모방하면서 생존 기술을 획득해가는 본성을 가지고 있으니까요.

부모에게 있어 아이가 자신의 표정과 몸짓 하나하나를 따라 하고 기뻐하는 모습은 매우 중요합니다. 그 모습을 통해 아이가 앞으로 주변으로부터 많은 것을 배우고 익히며 세상에 잘 적응해 가리라는 것을 확신할 수 있으니까요.

프로이트는 이와 같은 절시 욕망이 정상적으로 발달하면 시각을 통해 얻는 정보에 대한 지적 호기심을 자극해 더 높은 수준의 지적 능력을 갖게 된다고 주장했습니다. 나아가 예술을 창조하려는 욕구의 바탕이 된다고도 했죠. 지식은 무한히 연쇄되는 고리와도 같으니까요. 하나의 지식은 또 다른 지식으로 나아가게 하고, 또 그렇게 얻어진 지식은 새로운 지식 창출로 이어지죠.

그런데 절시 욕망이 항상 지식 확장과 심미적 즐거움을 얻는 형태로 발달하지는 않습니다. 그것을 프로이트는 절시증의 비정상적 발달이라고 했습니다. 그는 특히 성적 대상을 바라보는 행위에 고착되어 성도착으로 귀결되는 것을 대표적인 사례로 꼽았습니다. 바로 '관음증'voyeurism입니다. 관음증은 절시증이 제대로 발달하지 못했을 때 발생한다고 보면 되겠습니다.

여하튼 절시증을 통해 얻는 즐거움과 쾌락이 삶에서 긍정적인 면만을 끌어내지는 않는다는 것을 알아야겠습니다. 특히 현시대에 이르러 바라봄이란 행위는 사회관계의 힘이 작동하는 방식과 매우 밀접한 관련을 가지게 됐습니다. 현대 시선의 권력은 나의 '보여짐'을 최소화하는 상태에서 상대방의 정보를 획득하는 것입니다. 이는 과거 사회에서 시선의 권력이 작동하던 방식과는 다릅니다. 과거에는 다른 이들보다 훨씬 더 높은 곳에서 자신을 과감하게 노출하는, 그야말로 위치에너지가 큰 사람이 보다 강력한 권력을 행사할 수 있었습니다.

왕이나 종교적 지도자는 자신보다 낮은 곳에 서 있는 이들의 생각과 시선을 신경 쓰지 않았습니다. 그들은 가장 높은 자리에서 명령하고 오직 그들만이 들을 수 있다고 여긴 신의 메시지를 전하기만 하면 됐으니까요. 스스로를 대중에게 한껏 내보이고 권능을 과시할수록 그들이 전하는 말에는 강한 힘이 실렸습니다. 하지만 그것은 어디까지나 신분에 따른 계급이 존재했던 사회에서나 가능했던 일이죠.

> "예전에는 민중은 '보는 사람', 권력은 '보이는 사람'이었다. 그러나 이제 가시성은 전도되어 권력은 '보는 사람', 민중은 '보이는 사람'이 되었다."[19]

시선의 권력을 연구한 박정자의 이 말처럼 현대 사회에서는 '보는 사람'에게 권력이 더욱 집중됩니다. 다른 사람의 일거수일투족을 바라볼 수 있는 이가 더 강한 힘을 지니게 된 것이죠. 현대의 권력자는 일방적 바라봄을 통해 얻은 권력으로 타인의 행위를 통제하는 권력을 쟁취하려 합니다.

고결한 여인을 훔쳐보는 어떤 이

또 다른 시선의 욕망에 대해 이야기해보겠습니다. 영국 중부 지역에 자리한 도시 코번트리Coventry에는 전설처럼 전해져오는 이야기가 하나 있습니다. '말 위의 성녀'라 불리는 고결한 여인의 이야기가 말이죠.

지금으로부터 약 1000년 전 코번트리를 지배하던 레오프릭 백작Earl Leofric은 백성들에게 터무니없이 과중한 세금을 물리는 강압적 조세 정책을 펼치고 있었습니다. 당연히 백성들의 삶은 피폐해지고 어려워졌지만 백작은 살인적인 조세 정책을 거둘 생각이 전혀 없었죠. 그런 백성들의 처지를 안타깝게 여겨 백작에게 세금 감면을 끊임없이 요구한 여인이 있었습니다.

그녀는 바로 악독한 백작의 아내 고다이바 부인Lady Godiva입니다. 그녀의 지치지 않는 간청에 마침내 백작은 요구를 들어주겠다고 하더니 말도 안 되는 조건을 하나 붙였습니다. 나체로 말에 탄 채 마을을 한 바퀴 돌고 오라는 것이었죠. 백성들의 고통을 결코 외면할 수 없었던 따뜻한 성품의 고다이바는 백작이 제시한

그림 5.1 존 콜리어의 「고다이바 부인」(1897년 作).

조건을 수락했습니다. 정말로 실오라기 하나 걸치지 않은 채로 말 위에 올라 성문을 열고 마을을 향해 나아갔던 것이죠.

그녀가 자신들을 위해 놀라운 결단을 내렸다는 것을 안 백성들은 그녀의 존엄을 지켜주기 위해 문과 창문을 굳게 닫고 집 안에 있기로 결의했습니다.

무거운 고요만이 떠도는 마을 어귀에는 개미 새끼 하나 찾아볼 수 없었습니다. 오직 말에 탄 고다이바와 말굽이 거칠게 땅과 부딪히는 소리가 전부였습니다. 그런데 그때 호기심과 성적 욕망을 참지 못하고 문틈 사이로 몰래 그녀를 훔쳐보던 단 한 사람이 있었습니다.

그는 바로 코번트리의 재봉사 톰Tailor Tom이었죠. 그는 문틈 사이로 그 무엇도 침범해서는 안 될 시공간에 자신의 저열한 욕망을 쏟아내고 있었던 것이었습니다.

이후 톰은 맹인이 됐다거나 죽었다는 이야기가 전해집니다. 사람들은 이를 신의 벌이라 여겼습니다. 불행한 결말을 맞이한 톰과 달리 그녀의 남편 레오프릭은 이후 개과천선하여 세금을 감면하고 코번트리를 훌륭하게 다스렸다고 합니다.

저열한 욕망을 위한 훔쳐보기

고다이바 부인을 훔쳐본 톰은 관음증을 논할 때면 가장 많이 언급되는 인물이 됐습니다. 그는 '훔쳐보는 톰'Peeping Tom이라 불리며, 성도착에 의한 시선의 욕망을 상징하는 인물이 됐거든요. 여기서 말하는 관음증은 타인의 나체나 성기, 성적 행위를 보고 쾌감을 느끼는 성도착증을 일컫습니다.

우리나라에서는 절시증을 관음증과 동일한 의미로 많이 사용하는 경우가 많은데, 저는 두 용어를 확실히 구분하겠습니다. 앞서 절시증은 시선을 통해 획득하는 모든 즐거움과 쾌락의 욕망이라 정의했죠. 관음증의 경우 성적 대상을 바라보고자 하는 시선을 이용한 성도착 욕망으로 한정하겠습니다.

　프로이트에 따르면, 아이가 유아기 때 부모와 적절하게 분리되는 경험을 하지 못했거나 성적 관념에 대한 개념이 제대로 잡히지 않았을 경우 성적 행위에 대해 시각적으로 집착하게 됩니다. 특히 그는 '구성 본능'component instincts이 눈과 시선의 욕망에 치우쳤을 때 나타나는 것이 관음증이라 말했는데요. 프로이트가 말한 구성 본능은 성감대에서 오는 모든 종류의 쾌락이라 이해하면 되겠습니다. 몸의 각 감각 기관에 잘 분배되어야 할 욕망이 시각 기관에 집중된 탓에 일어나는 성도착이 관음증인 것이죠.

　그런데 프로이트는 구성 본능에 의해 발현된 관음증을 완전히 잘못된 욕망으로만 여기지는 않았습니다. 우리의 욕망이 시각 기관에 집중될 경우 대상이 가진 시각 정보를 세밀하게 포착할 수 있는 능력을 갖게 된다고 보았기 때문이죠. 프로이트는 예술적인 기질을 발휘하는 데 이 능력이 꼭 필요하다고 생각했던 것이죠.

　또한 정상적인 성생활을 위해 시각에 의해 자극되는 성욕은 반드시 필요하다고 주장했습니다. 경도의 관음증은 정상적인 성생활을 위해 필요하다는 것이죠. 관음의 욕망이 전혀 없다면 우리 인간은 세대를 거듭하며 자손을 남길 수 있었을까요? 아마 불가능했을 것입니다.

그런데 현재 우리 사회는 성적인 관음 욕구보다는 강한 절시 욕망에 더욱 큰 빚을 지고 있는 것으로 보입니다. 과학 기술의 발달은 성적 대상을 넘어 타인의 모든 것을 시각의 범주 안에 두려 하는 절시 욕망을 충족해주기 때문이죠. '타자는 지옥'이라던 장 폴 사르트르Jean Paul Sartre의 선언이 현실이 된 것은 아닐까요?

감시와 평가의 시선에 갇혀버린 현대인의 초상

'기술 문명이 우리를 바라보고 있다'는 명제를 들으면 여러분은 가장 먼저 무엇을 떠올리겠습니까? 스마트폰이나 카메라, CCTV 를 가장 먼저 생각하지는 않았나요? 만약 이 명제에서 '바라보고 있다'를 '감시하고 있다'로 바꾸면 더욱 높은 확률로 CCTV를 떠 올렸을 것입니다. 그 이유는 우리가 생활하는 공간에는 많은 수 의 CCTV가 있기 때문입니다.

우리 대한민국의 수도인 서울에는 10만 대에 가까운 CCTV 가 있습니다. 그리고 전 세계에서 가장 많은 CCTV가 있는 도시 로 손꼽히는 중국 베이징에는 약 115만 대의 CCTV가 있습니다. 이외에도 사적으로 설치한 CCTV나 차량마다 달린 블랙박스까 지 더하면 우리를 밤낮으로 지켜보는 기계의 눈은 수천만 대 혹 은 그 이상일 것이라 추측됩니다.

우리는 언제부터 이렇게 많은 CCTV를 생활의 일부로 받아들이게 된 것일까요? 그리고 어떤 이유에서 우리는 그 기계 눈을 두려워하지 않는 걸까요? 여기에는 두 가지 이유가 있습니다.

첫 번째 이유에 대해 말하기 위해서는 먼저 CCTV의 간략한 역사를 알아야 합니다. 최초의 CCTV는 1942년 독일에서 발명됐습니다. 지금과 같은 방범 목적으로 설치된 최초 사례는 1968년 뉴욕이었죠. 고담Gotham °이라 불릴 만큼 많은 범죄가 창궐하던 뉴욕은 CCTV 설치 이후 범죄율이 대폭 감소했습니다. CCTV가 자신의 값어치를 제대로 증명한 대표적인 사례라 볼 수 있겠습니다. 이처럼 치안 유지 기능이 그 첫 번째 이유입니다.

두 번째 이유는 CCTV가 전적으로 우리에 대해 '가치 판단을 내리지 않는 눈'으로서 존재했기 때문입니다. 이게 무슨 말이냐고요? CCTV는 어떤 의도를 가지고 우리를 평가하는 눈이 아니라는 말입니다. 그래서 인간의 눈보다 오히려 CCTV를 편안하게 여기는 겁니다. 이 점에 대해 좀 더 자세한 이야기를 해보도록 하죠.

파울 페르하에허는 현대 사회에서 우리가 인간의 눈에 대해 공포가 급증한 이유에 대해 이렇게 말했습니다. "타인에 대한 일

° 요즘은 배트맨의 도시로 많이 알려져 있지만, 원래 고담은 범죄가 많이 일어나 치안이 매우 취약한 도시를 지칭하는 일종의 별칭이었습니다.

반적인 공포는 평가, 회계 감사, 직원 면담, 카메라가 폭발적으로 증가했기 때문"이라고요. 페르하에허의 말을 곱씹어보면 타인의 시선에 의해 매순간 평가받는 현대인은 끊임없이 자아에 상처를 입을 수밖에 없고 심리적으로 위축된다는 것입니다.

요즘은 어디를 가든 평가와 판정, 그리고 기대의 시선을 피할 수가 없습니다. 상황이 이렇다 보니 무미건조하고 생명 없는 눈일지언정 CCTV에 오히려 더 큰 안락감을 느끼게 되는 것입니다. 이처럼 CCTV라는 기술 자체에 우리는 상당히 긍정적 태도를 가지고 있음을 알 수 있습니다. 그런데 조지 오웰George Orwell의 『1984』에서처럼 이른바 빅브라더Big Brother와 같은 존재가 CCTV를 통해 우리를 바라보고 있다면 어떨까요? CCTV 자체는 판단을 내리지 않지만 그것을 활용하는 인간은 지체 없이 판단을 내리는 존재입니다. 안전을 담보해주는 대상이 일순간 나의 일거수일투족을 감시하는 존재로 돌변한다는 것은 오싹함 그 이상이겠죠. 과학 기술은 언제나 양날의 검처럼 우리 일상의 이익을 보전해주는 동시에 일상의 파괴자로 돌변할 가능성을 가지고 있습니다.

정말로 섬뜩하고 두려운 상황이 아닐 수 없습니다. 그렇지만 적어도 오웰의 『1984』에서는 기술을 악용하는 빅브라더라는 확고부동한 악의 중심이 존재합니다. 그런데 만약 우리가 서로의 감시 주체이자 동시에 감시 대상이 된다면 어떤 일이 벌어지게 될까요?

스마트폰이 보편화된 이후 우리는 언제나 또 다른 생명 없는 눈을 하나씩 지니고 살고 있습니다. 이 눈은 언제든 사용자를 빅 브라더로 바꿔줄 만반의 준비를 하고 있죠. 스마트폰을 위시한 최첨단 눈들이 치명적인 무기로 변형되지는 않을까요? 무한 감시와 노출의 세계로 바뀌어가는 현상에 대한 진지한 고민을 해봐야겠습니다.

지금부터 이야기해볼 작품은 첫 회부터 적잖은 충격을 준 영국 드라마《블랙 미러》Black Mirror° 중 시즌 2의 제2편 〈화이트 베어〉White Bear입니다. 이 작품은 우리의 고민을 해결하기 위한 실마리를 제시해줄 수 있을 것입니다.

영원히 반복될 시선의 형벌

〈화이트 베어〉는 한 여인이 기억을 몽땅 상실한 채 낯선 방에

○ 《블랙 미러》라는 제목이 담고 있는 의미가 재밌습니다. 지금은 LED 기술을 기반으로 하는 얇고 평평한 TV가 보편화됐지만, 1990년대까지만 하더라도 앞뒤로 뚱뚱한 몸체를 가진 브라운관 TV가 일반적이었죠. 두툼한 곡면으로 이루어진 화면의 브라운관 TV는 전원이 꺼지면 그것의 새까만 화면에 TV 보는 이를 거울처럼 비추곤 했습니다. 바로 이 현상을 '블랙 미러'라 부른 것입니다.《블랙 미러》는 이렇게 TV가 거울처럼 되는 현상에서 착안한 작품입니다. 사회 문제를 적나라하게 묘사한 작품을 보고 난 뒤 꺼진 TV 화면에 비친 자신을 바라볼 것. 그리고 '자신이 그 상황에 직면한다면 어떻게 할 것인가' 생각해볼 것. 이런 메시지가 담긴 제목입니다.

그림 5.2 빅토리아 스킬레인은 집 밖으로 나오자마자 사람들로부터 촬영을 당한다.

서 깨어나며 시작됩니다. 잠에서 깨어난 이는 빅토리아 스킬레인Victoria Skillane이란 여인입니다. 그런데 이 여인은 소아 살해범이죠. 약혼자와 함께 한 소녀를 납치한 뒤 잔혹하게 살해한 이 여인은 그 모든 기억을 삭제당한 채 방에서 깨어납니다.

무슨 이유에서인지 기억을 몽땅 삭제당한 스킬레인은 자신이 누구인지, 왜 그곳에 있는지, 어떤 상황에 처해 있는지 등 아무것도 아는 것이 없습니다. 그러한 혼란 속에서 집 밖으로 나오자 주변 사람들이 저마다 휴대폰 카메라로 그녀를 촬영하기 시작합니다.

스킬레인을 둘러싼 이들은 그녀의 질문에 일언반구 대답조차 하지 않습니다. 그저 사진과 동영상을 찍으며 스킬레인이라는 피사체를 공유할 뿐이죠. 자신이 누구인지조차 제대로 알지 못하는 그녀가 무한히 타자에게 노출당하는 것, 이것이 바로 소아 살해범 스킬레인이 감당해야 할 처벌입니다.

모든 기억을 완전히 삭제당한 스킬레인과 달리 그녀를 촬영하는 다른 모든 이들은 그녀가 저지른 살인 사건의 전말을 알고 있습니다. 절대적 시선과 정보의 권력을 갖춘 집단이 그 권력의 최하층에서 발버둥치는 한 인간을 가지고 놀이를 하는 것. 바로 새로운 형태의 처벌인 것입니다.

스킬레인을 촬영하며 그녀를 처벌하는 프로세스에 참가하는 이들은 화이트 베어 정의 공원White Bear Justice Park이라는 테마파크에 놀러온 평범한 사람들입니다. 공원 입구 안내판에는 '쇼를 즐기세요' Enjoy the Show라는 글귀가 적혀 있습니다. 공원을 찾는 사람들은 직접 '처벌쇼' Punishment Show의 일원이 되어 즐기기 위한 목적으로 방문하는 것이죠.

사람들은 스킬레인에게 무자비한 시선의 권력을 행사합니다. 그러고는 그녀가 죗값을 치르게 하는 데서 정의 실현의 즐거움을 찾습니다. 흥미로운 점은 처벌쇼에 참여하는 과정에서 우리 일상의 필수품으로 자리 잡은 스마트폰이 총처럼 기능한다는 것입니다. 총은 타인의 생명을 빼앗을 수 있는 강력하고 효과적인 살상 도구입니다. 스마트폰은 직접적으로 물리적 상해를 타인에게 가하지는 않지만 타인의 정보를 훔치고 무차별적으로 확산시킬 수 있습니다.

누구나 즉각적으로 정보를 저장할 수 있고 퍼뜨릴 수 있는 시대입니다. 이러한 시대에 시선의 권력은 스마트 기술과의 결합으로 치명적인 영향력을 행사할 수 있다는 것을 이 드라마는 보여줍니다.

처벌쇼에서 사람들이 촬영한 정보는 인터넷이라는 무한히 열린 공간에서 무한히 복제될 것입니다. 그것들은 그녀를 영원히 속박할 '낙인'stigma이 되는 것입니다. 결코 지울 수 없는 이 낙인은 그녀의 사회적 회생을 완전히 불가능하게 만들겠죠. 다시 말해 그녀를 사회적으로 사형시켜버리는 것입니다. 현대판 '회술레'이자 '조리돌림'을 당한 스킬레인은 영원한 낙인을 가진 존재로 전락해버립니다.

처벌쇼의 피날레에서 그녀는 의자에 꽁꽁 묶인 채 과거 죄 없는 소녀를 납치해 살해했던 자신의 영상을 보게 됩니다. 그러면서 모든 기억을 복원당하죠. 그제야 그녀는 왜 자신이 수많은 이들에게 쫓겨야만 했는지, 자신의 정체가 무엇인지 비로소 알게됩니다. 그녀는 눈물로 호소하며 잘못에 대해 뉘우치지만 처벌은 다시 처음부터 반복되죠. 모든 기억이 지워진 채 다시 그녀가 방에서 깨어나는 모습을 끝으로 작품은 막을 내립니다.

스킬레인은 작품 속에 묘사된 사회와 그 구성원이 합의한 적절한 처벌을 지속적으로 받게 될 것입니다. 그 처벌의 핵심 도구

그림 5.3 모든 기억을 잃은 채 다시 잠에서 깨어나는 빅토리아 스킬레인의 모습을 '스마트폰'으로 들여다보고 있다. 다시금 그녀를 향한 처벌이 시작될 것임을 보여준다.

는 정보를 저장하고 확산시킬 수 있는 과학 기술입니다. 어떻게 보면 악하게 보일 수 있는 방식으로 악을 처벌하는 모양새입니다. 《블랙 미러》가 던져놓는 주제들이 대부분 이렇습니다. 분명하게 정해진 선과 악이 없이, 선과 악을 모호하게 만들죠. 그러한 구도 속에서 무엇이 더욱 악한가를 끊임없이 고민하도록 만드는 묘한 매력이 있는 시리즈입니다.

전자 판옵티콘과 포스트 빅브라더의 시대

제러미 벤담Jeremy Bentham 은 효과적으로 수감자를 관리하기 위해 획기적인 감시가 가능한 교도소 구조를 제안했습니다. 벤담이 제안한 교도소는 중간에 높은 첨탑이 있고, 첨탑을 중심으로 수감자 방이 원형으로 배치됩니다. 첨탑의 교도관은 수감자들의 방을 훤히 들여다볼 수 있지만 수감자는 첨탑 안을 결코 볼 수 없죠.

항상 감시당하고 있다는 불안에 수감자들은 한순간도 마음을 놓을 수 없습니다. 이것이 바로 그 유명한 교도소 '판옵티콘'panopticon 입니다. 판옵티콘은 그리스어로 '전부'를 뜻하는 'pan'(판)과 '보다'를 뜻하는 'opticon'(옵티콘)이 결합된 용어죠.

벤담이 고안한 판옵티콘은 근대 시선의 권력을 이야기할 때 단골로 등장합니다. 판옵티콘은 20세기 이전까지만 하더라도 감시자와 피감시자가 확고하게 고정된 위치와 관계 속에서 일대일로 대응하는 구조의 상징처럼 여겨졌습니다.

그런데 현시대에는 감시자와 피감시자가 매우 높은 가변성을 지니게 됐습니다. 누구나 기록하고 저장하고 확산시킬 수 있는 기술의 발달은 서로가 서로의 감시자이자 피감시자가 되는 환경을 만들어주었죠. 높은 첨탑의 교도관으로 상징되는 근대의 감시 권력이 이제는 무의미해졌습니다. 감시 권력의 중심은 비어있고, 감시를 수행하는 대상이 반드시 살아 있는 생명체일 필요도 없습니다.

감시자와 피감시자가 시시각각 바뀌고 그들이 누구인지 특정하지 못하는 새로운 시선의 구도를 '전자 판옵티콘'이라 부를 수 있겠습니다. 수많은 전자 기기의 눈과 그것들을 통해 수집되는 정보가 무한히 퍼져나가는 시대를 우리는 살아가고 있는 것이죠. 무수히 많은 새로운 빅브라더가 존재하는, 그야말로 '포스트 빅브라더'Post Big Brother° 시대에 직면한 겁니다.

우리의 정보는 삶의 모든 순간과 직결될 만큼 매우 중요한 것입니다. 그런데 우리는 점점 생활 편의와 효율이라는 미명하에 지금 이 순간에도 자발적으로 정보를 제공하고 있다는 것을 알고 있나요? 첨단 기기의 발달은 우리로 하여금 이전과는 비교도 안 될 만큼 많은 편의를 누리게 해주었습니다. 똑똑한 기기는 하루 중 나의 이동 거리와 소비 패턴, 기호 등 우리 삶을 구성하는 것들을 우리보다 더 잘 파악해줍니다. 그리고 우리가 필요로 하는 것들을 알아서 추천해주는 수준까지 이르렀죠.

우리는 그 놀라운 편의를 위해 별도로 돈을 지불한 적도 없는데, 스마트 기기를 통해 그 모든 것을 누리고 있습니다. 이 좋은 편의들이 공짜라니. 무언가 수상하지 않은가요? 자본주의 사회에서 이 정도로 놀라운 편의를 무료로 제공받는다는 것이 말입니다.

현시대를 표현하는 용어 중 '라이프 로그 시스템'life log

° '포스트'post는 '기존 것의 다음' 혹은 '기존의 것을 벗어난' 등의 뜻을 지닌 영어입니다. 여기서는 두 가지 의미를 모두 사용하고자 했죠. 오웰의 빅브라더 다음에 나타난, 더 강력하고 무시무시한 감시 존재라는 의미로 '포스트 빅브라더'라는 표현을 썼습니다.

system이란 것이 있습니다. 이것은 우리 삶의 모든 정보를 수집하여 이익을 창출하려는 시스템이죠. 사실 무료로 제공받는 것처럼 느껴지는 이 모든 편의는 그에 상응하는 대가를 치르게 되어 있습니다.

그 어떤 것도 공짜는 없습니다. 수많은 사람의 정보를 취합한 거대 기업은 그 방대한 정보를 바탕으로 '빅데이터'bigdata를 구축하고 관련 패턴을 찾아냅니다. 구축된 정보를 분석해 이익을 극대화한 기업은 나아가 사람들의 라이프 스타일을 입맛대로 조종하는 정도에 이르게 될 것입니다.

높은 수준의 편의를 제공하는 서비스 이면에 숨어 있는 것이 바로 이것입니다. 라이프 로그 시스템은 부지불식간에 우리의 정보를 잠식해가고 있습니다. 한국은 2016년부터 우리 사회를 '지능정보사회'라고 부르고 있습니다. 우리는 '정보'가 무수히 생성되는 시대를 살고 있으며, 그 정보를 활용할 수 있는 '지능'이 정말 중요하다는 것을 밝힌 것이죠.

수많은 '훔쳐보는 톰'을 양산하는 전자 판옵티콘 시대, 우리는 정보를 무차별적으로 취합하는 행위가 얼마나 위험한 것인지 알아야 합니다. 우리에게 존재하는 수많은 정보를 다룸에 있어서 어떠한 윤리 의식을 가져야 하는지 깊게 고민할 때가 됐습니다. 고다이바의 존엄을 지켜주지 않았던 톰의 비참한 결말을.《블랙 미러》속 무자비한 시선의 권력은 얼마나 잔인한 방식으로 작

동할 수 있는지를. 스스로를 암막 속에 숨기고 상대의 정보를 무
분별하게 취합하는 행위가 얼마나 폭력적일 수 있는지를. 또 그
눈들이 우리 자신에게 향했을 때 우리는 어떠한 결말을 맞이하게
될지를.

　태초의 생명체가 가장 먼저 진화시킨 시각은 생존하고 번성
하기 위함이었습니다. '본다'는 감각이 없다면, 우리는 여전히 끝
없는 암흑 속을 헤매고 있었을지도 모르죠. 그렇게 우리로 하여
금 이 세상을 알게 해준 '본다'라는 감각이, 자칫 잔혹한 폭력으
로 바뀔 수 있다는 것을 우리는 결코 잊지 말아야 합니다.

　상대를 온화하게 감싸주는 '따뜻한 시선'도 있지만, 그 시선
이 상대가 원치 않는 '지독한 훔쳐보기'가 될 수도 있음을 알아야
합니다. 지독한 훔쳐보기는 그 대상이 지닌 인간으로서의 존엄을
파괴해버립니다. 정항균은 『메두사의 저주: 시각의 문화사』에서
이를 사냥꾼과 사냥감의 관계를 들어 적절하게 비유했죠.

　　"다른 사람에게 발각되지 않고 그 사람을 관찰하는 태도는 몰래 사
　　냥감을 노리는 사냥꾼의 태도와 매우 흡사하다. 사냥은 뚜렷한 목적
　　의식에 기반을 둔 의도적 행위이며, 사냥감의 살해라는 파괴적인 행
　　위로 끝이 난다."[20]

　모든 사람은 자신만이 홀로 간직하고 싶은 지극히 개인적인

영역을 가질 수 있어야 합니다. 그래야만 사적인 자아와 공적인 자아를 구분할 수 있습니다. 사적인 자아는 누구에게도 방해받거나 들키지 않는 자신만의 내밀한 즐거움을 추구하며, 공적인 자아로 인해 소모하는 에너지를 회복할 수 있습니다. 만약 지독한 훔쳐보기로 사적인 자아가 설 자리를 잃는다면, 비참한 삶을 결코 피할 수 없을 겁니다.

이경규가 들었던 몰카는 지켜보는 사람과 당하는 사람 모두가 즐거워지는 몰카였다. 그런데 요즘의 몰카는 당하는 사람에게만 일방적인 피해를 입히는 흉기가 됐다. 이제는 몰카가 함께 즐길 수 있는 것이 아닌, 혼자서 은밀하게 더러운 욕망을 채우는 불순한 도구가 되어버렸다.

또다시 이경규의 〈몰래카메라〉처럼 모두를 즐겁게 하는 몰카 콘텐츠가 나타날 수 있을까. 아니. 이제는 그런 몰카의 세상은 없을 것이다. 누구나 손쉽게 촬영할 수 있는 이 시대에, 타인을 몰래 촬영하는 행위는 그 자체만으로 불순한 행위가 되어버렸으니까.

〈몰래카메라〉는 나를 비롯한 그 시절을 기억하는 이들의 고운 추억으로 남기를.

— 본문에서 다룬 작품
《블랙 미러》 중 〈화이트 베어〉(2013)

— 함께 보면 좋을 작품
《더 헌트》(2012), 《완벽한 타인》(2018),
《보이스》(2021)

6장

사랑의 매는
정당화될 수 있을까

가족이라는 이름의 폭력

어렸을 때는 아이들의 행동을 '가정교육'이라는 말로 평가하는 일이 많았다. 자녀의 가정교육 수준은 부모의 사회적 체면과 연관이 깊었다. 자녀가 좋은 일을 하면 부모가 칭찬받고, 잘못을 저지르면 부모 잘못이었다.

내가 열 살 남짓 되었던 어느 날. 어머니에게 그야말로 비 오는 날 먼지가 나도록 두들겨 맞았다. 거짓말 때문이었다. 30분 넘게 빗자루로 두들겨 맞았는데, 두 번 다시 거짓말을 하지 않겠다는 맹세를 몇 번이나 하고 나서야 매타작이 끝났다. 요즘 아이들이 들으면 너무한 거 아니냐고 말할지도 모르겠다. 30분 넘는 매타작은 어쩌면 '가정폭력'으로 보일 수도 있으니 말이다.

가족이란 무엇인가

레프 톨스토이Lev Tolstoy는 일생의 역작 『안나 카레니나』Anna Karenina의 첫 문장을 문학사에 길이 남을 문장으로 시작했습니다.

"행복한 가족은 비슷한 이유로 행복하지만, 불행한 가족은 저마다의 다른 이유들로 불행하다."[21]

'가족이란 무엇인가'라는 질문에 이렇게 명료하고도 날카롭게 대답한 사람이 또 있을까요? 단 하나의 문장으로 가족이라는 집단의 본질적 성격을 설파할 수 있었던 톨스토이였기에 우리는 그를 위대한 작가라 부르는 것이겠죠.

톨스토이가 이렇게 선언적으로 가족의 본질적 성격을 표현했다면, 클로드 레비-스트로스Claude Lévi-Strauss는 가족이 지니는 거의 모든 특성을 학술적 관점에서 서술했습니다.

"가족은 결혼에 의해 출발하며 부부와 그들의 자녀로 구성되지만, 이 핵집단에 다른 근친자가 포함될 수 있다. 가족 구성원은 법적 유대, 경제적, 종교적, 그 외에 다른 권리와 의무, 성적 권리와 금지, 애정, 존경, 경외 등 다양한 심리적 정감으로 결합되어 있다."[22]

톨스토이와 레비-스트로스가 가족을 서술하는 방식은 사뭇 다릅니다. 톨스토이가 말한 '불행한 가족은 저마다의 다른 이유로 불행하다'는 근거로서 레비-스트로스의 서술은 매우 잘 기능합니다. 가족은 개별적으로 지닌 독특한 법칙과 사회적 합의에 의해 정해진 보편적 법칙 모두를 기반으로 구성되기 때문에 그렇습니다.

가족은 개별적 개체로서의 '나'와 집단적 개체로서의 '우리'가 '혈연'이라는 특수한 연계를 기반으로 맺어진 매우 독특한 집단이죠. 가족은 다른 인간 집단과 구별되는 어떠한 특징을 지니고 있을까요? 이에 대한 이야기를 먼저 해보겠습니다.

'따로 또 같이' 가족이란 그런 것

가족이란 무엇인가를 이야기하기 위해서는 무엇보다 가족이라는 집단이 가진 특성을 명확히 해야겠습니다. 가족의 독특한 특성은 친밀함에 기반한 최초의 집단이란 것에서 기인합니다. 가족은 거의 모든 사람이 출생과 동시에 속하게 되는 최초의 집단이면서 친밀함을 기반으로 하는 집단입니다. 법이나 제도 같이 강제성을 지닌 사회 집단과 다르죠. 가족은 저마다 독특한 구조와 규범적 특색을 지니는데, 이것이 또 다른 특성인 폐쇄성을 만들어냅니다. 그렇다고 가족이 완전한 개별성이나 유일성을 지닌 집단도 아닙니다.

가족은 대부분 결혼이라는 사회적 의식을 치르고 법적으로 인정받는 '형식적 집단'의 성격을 지닙니다. 결혼식장에서 성혼 선언을 하고 국가에 혼인 신고를 하게 되죠. 그리고 새로운 가족 구성원이 탄생하면 가족 일원으로서 출생 신고를 하는 등 각종 법적 절차에 의거한 집단이라는 것입니다.

즉 지금까지 나열한 특성을 종합해보면 가족은 형식적인 동시에 비형식적 집단입니다. 가족은 정형적인 법적 근거에 의해 안정적 집단으로써 지위를 취합니다. 한편 비정형적 개별성으로 인해 예측 불가능한 불안정성 또한 지니죠.

지금부터는 가족의 기능과 역할에 대해 이야기해보도록 하겠습니다. 가족에는 수많은 기능과 역할이 있지만 여기서는 4가지 정도만 말해보겠습니다.

첫째, 성적 통제와 생식 기능입니다. 결혼으로 맺어진 가족은 성적 관계의 무질서를 방지하고 근친상간을 금지합니다. 가족이

이 기능을 수행하지 않는다면 각종 문제가 범람할 것입니다. 사회는 성적으로 문란해질 뿐만 아니라 유전병 확산이나 치정에 의한 폭력이 증가하겠죠. 그리고 부부의 성관계를 통해 가족 구성원을 재생산하는 것은 인간이란 종의 존속이라는 면에서 매우 중요한 기능이죠.

둘째, 자녀 양육과 사회화 기능입니다. 가족은 자녀가 다른 사회 구성원과 적절하게 교류하고 사회 내에서 잘 어울릴 수 있도록 교육하는 기능을 담당합니다. 이를 부모가 대부분 담당하지만 다른 형제나 자매 등도 이러한 기능을 담당할 수 있겠죠.

인간답게 어울리고 사회에서 올바른 행동을 하는 법 등을 익히는 최초 집단이 바로 가족입니다. 우리가 종종 잘못한 자녀를 훈계할 때 가정교육 운운하는 이유 또한 여기에 있다고 할 수 있겠습니다. 그리고 이 기능에는 처음으로 생산과 소비에 대한 개념을 획득하는 경제적 관념 형성도 포함합니다. 심부름을 하면 용돈이나 칭찬 같은 보상을 받게 되는 것이 가장 대표적인 예라 할 수 있겠네요.

셋째, 지위 부여 기능입니다. 사회화 기능의 연장선상에서 볼 수 있는 이 기능은 가족 구성원이 스스로 가족 내에서 점유하는 위치를 아는 것에서부터 시작합니다. 부모의 위치와 역할, 자녀로서의 위치와 역할 등을 알고 각각의 구성원이 해내는 상호 관계를 앎으로써 행동 양식을 결정하게 되는 것이죠. 어른을 대할 때 혹은 자기보다 어린 사람을 대할 때의 처세 등 개인의 사회화를 효과적으로 촉진시킨다는 면에서 매우 중요한 기능으로 꼽을 수 있겠습니다.

넷째, 애정과 휴식 및 오락 기능입니다. 이것은 가족 구성원 사이에서 사랑을 주고받을 수 있는 기능입니다. 회사나 학교 등 우리는 끊임없이 가족과 사회 집단들 사이를 오가는 생활을 영위하고 있습니다. 밖에서 받은 피로나 스트레스를 가족의 품 안에서 해소할 수 있다는 것은 매우 중요하고도 다행한 일이죠. 가족 구성원이 서로를 보듬어주는 안식처가 될 수 있을 때 우리는 바깥세상과 맞설 힘을 재충전할 수 있죠.

만약 가족이 제대로 기능하지 못한다면 가족의 품이 역설적으로 더 큰 스트레스가 될 것입니다. 이는 가족의 위기를 불러오겠죠. 그러므로 가족 간의 애정과 배려는 꼭 필요한 요소라 할 수 있겠습니다.

여러분의 가족은 이와 같은 기능들을 충실히 해내고 있나요? 만약 그렇다면 여러분 가족은 매우 행복한 가족이라고 감히 말하고 싶습니다. 지금부터는 이와 같은 기능과 역할이 제대로 이행되지 못한 가족 이야기를 해보려 합니다. 가족의 위기와 붕괴가 얼마나 큰 불행인지를 알고 경계하라는 의미에서 말입니다.

권위 있는 아버지 vs 지배적인 아버지

가족이 기본적으로 부모와 자녀로 구성되는 집단이라 봤을 때 가족 내에서는 부모의 역할이 자녀의 그것에 비해 훨씬 더 큽니다. 자녀는 오랜 시간 부모의 보살핌을 받으며 성장하고, 이후 자신의 가족을 만들기 위해 독립하는 것이 보통이죠. 한 사람이 성장하고 새로운 가족을 형성하기까지 부모의 역할은 거의 절대적입니다.

어네스트 베커Ernest Becker와 같은 심리학자는 자녀가 부모를 상실하는 것은 생존 문제와 직결되기에 자기 소멸의 공포에 준한다고까지 말합니다.

> "만일 아이가 홀로 세상에 버려진다면, 그의 세계는 없어져버릴 것이다. 그리고 그의 유기체는 이것을 어떠한 수준에서 분명히 감지한다. 이것을 '대상 상실의 불안'이라고 부른다. 그렇다면 그 불안은 소멸에 대한 자연적이고 유기체적인 공포가 아니겠는가?"[23]

베커가 주지한 대상 상실의 불안은 곧 자기 소멸의 공포입니다. 이처럼 자녀 생존에 있어 필수적이며, 자녀의 가치관 확립과 성장, 독립 등에 매우 크게 관여하는 부모의 존재와 역할은 매우 중요합니다. 부모와 자녀가 얼마나 관계를 잘 형성하느냐에 따라

권위 있는 아버지	지배적인 아버지
아이의 독립심과 개성을 따뜻함과 애정 어린 돌봄, 대화를 통해 격려하는 동시에 제도와 규칙의 중요성을 가르친다. 어른 스러움을 요구함으로써 **성공적으로 아버지에게 저항하는 아이**를 만든다.	아이를 자신의 지배권 안에만 머물게 하며 강압과 억제를 통해 관리한다. **아이가 자신에게 저항하는 것을 용납하지 않고 자신의 권위에 대한 도전 자체를 못하도록** 만든다.

표 6.1 권위 있는 아버지와 지배적인 아버지.

가족은 위기에 직면할 수도 있고, 아주 행복한 분위기를 만들 수도 있죠.

　트래비스 랭글리Travis Langley는 자녀의 인격 형성에 부모의 역할이 얼마나 중요한지 비교 분석하기 위해 부모의 모습을 완전히 다른 두 가지 형태로 나눴습니다. 랭글리는 〈표 6.1〉에서 볼 수 있듯이 아버지를 '권위 있는 아버지'authoritative father와 '지배적인 아버지'domineering father, 이 두 가지 형태로 분류했습니다. 이 분류는 아버지에만 국한한 것이 아닌 부모의 모습이라 생각하고 보면 되겠습니다.

　〈표 6.1〉에서 강조된 것은 바로 '저항'입니다. 권위 있는 부모에게서 훌륭한 방식의 양육을 받은 아이는 부모에게 성공적으로 저항하며 자신만의 길을 확립할 수 있습니다.

　하지만 지배적인 부모에게서 강압과 억제를 당한 아이는 부모에게서 주입된 방식으로만 살아갈 수 있을 뿐 저항은 꿈도 꾸

지 못하게 되죠. 자립심과 도전 정신 등 사회에 나가 필요한 능동
적 성향을 학습하지 못합니다. 즉 부모의 그늘에서만 살아갈 수
밖에 없는 수동적 인간으로 전락하는 것입니다.

가족의 위기와 붕괴

가족 이야기를 좀 더 구체적으로, 또 생생하게 해보고자 어거스
트 윌슨August Wilson의 희곡 『펜스』Fences를 예로 들어보겠습니다.
윌슨의 『펜스』는 1987년 드라마 부문 퓰리처상Pulitzer Prize을 수상
할 정도로 훌륭한 작품성을 지녔다는 평을 받았습니다. 미국 내
중산층 흑인 가족이 겪는 비극을 다룬 이 작품은 2016년 동명의
영화 《펜스》로 제작되어 다시 한번 많은 이들에게 알려졌죠. 가
족이라면 으레 겪는 갈등과 고통이 인종 문제와 결합되어 좀 더
다층적인 가족 갈등을 드러낸 수작이죠. 《펜스》에서는 앞서 랭글
리를 통해 언급한 지배적인 부모와 자녀가 겪는 갈등, 폭력적인
부모와 아동 학대, 외도하는 부모라는 세 가지 갈등 요소가 나타
납니다.

　《펜스》에서 아버지로 등장하는 트로이 맥슨Troy Maxson은 지
배적인 아버지의 전형입니다. 그는 두 아들과 아내에게 완전한
지배력을 행사하고 집안에서는 무소불위의 독재자처럼 군림하고

그림 6.1 10달러를 빌려 달라고 했다가 도리어 꾸중만 잔뜩 듣고 있는 라이언즈 맥슨(왼쪽)과 아버지 트로이 맥슨(오른쪽).

있죠. 〈그림 6.1〉은 첫째 아들이 10달러만 빌려 달라고 찾아왔을 때 그가 아들을 꾸짖는 장면입니다.

라이언즈 맥슨 난 다른 걸 원하는 게 아니에요. 그저 10달러만 빌려 달란 거예요. 10달러 가지고 있잖아요.

트로이 맥슨 그래, 있지. 근데 내가 왜 가지고 있는지 아냐? 난 길바닥에 돈을 뿌리고 다니지 않았거든. 넌 뮤지션이랍시고 방탕하게 살고 클럽 같은 곳에서 시간이나 때우며 산다 했지. 넌 그런 식으론 아무것도 얻지 못해!

첫째 아들 라이언즈를 대하는 트로이의 태도는 굉장히 강압
적입니다. 뮤지션으로서 살고 싶은 라이언즈를 무지막지하게 힐
난하는 트로이. 트로이는 사실 큰 좌절을 겪은 적이 있습니다. 촉
망받는 야구 선수 시절 흑인이란 이유로 인종차별을 당했죠. 그
는 야구를 포기해야 했고 이후 먹고살기 위해 시작한 청소부 일
로 지금의 가정을 꾸려냈습니다. 그렇기에 예체능 방면으로 나가
려는 라이언즈에게 항상 불만이 가득합니다.

이처럼 직업과 생계에 불안을 가진 부모가 자녀에게 보이는
강압적 태도를 '투사적 동일시'라고 합니다. 자신이 가진 불안과
정서적 위험 요소를 상대에게 투사하는 것이죠. 쉽게 말해 자신
이 겪은 실패를 상대도 똑같이 겪을 것이 분명하니 애초에 시작
조차 못 하게 만드는 것입니다. 부모가 자녀의 비현실적인 꿈을
억압할 때 보통 등장하는 태도입니다. 자녀 역시 자기처럼 실패
와 정서적 불안을 가지고 있을 것으로 간주하여 자녀를 위협하고
통제하려는 증상이죠.

혹자는 이처럼 만성적 불안을 가진 부모의 투사적 동일시에
대해 경고했는데요. 투사적 동일시를 행하는 부모는 자녀를 과보
호하고 지나치게 통제할 뿐만 아니라 자신과 같은 수준의 불안을
지니도록 정서적 강압을 행한다는 겁니다.

트로이는 불행했던 자신의 경험이 아들에게도 똑같이 반복
될까 불안해합니다. 이러한 태도는 비단 첫째 아들에게만 향하

지 않습니다. 미식축구 선수가 되고 싶어 하는 둘째 아들 코리 맥슨Cory Maxson에겐 더욱 강도 높은 비난을 쏟고 폭력도 사용합니다. 코리가 미식축구를 그만두고 가족 생계에 보탬이 되도록 돈을 벌라고 강요하죠.

트로이는 폭력으로 코리를 다스리려 합니다. 이 모습을 통해 그가 아들들이 어렸을 때부터 폭력을 행사해왔음을 짐작할 수 있죠. 이와 같은 아동 학대는 가족을 위기에 빠뜨리는 정말로 위험한 행위입니다. 이제 두 번째 큰 갈등 요소인 아동 학대에 대해 조금 더 자세히 이야기해보도록 하죠.

아동 학대는 신체적 폭력뿐 아니라 욕설과 언어적 모욕, 무관심, 거부적 태도, 일탈의 방관, 무가치하게 대하기, 성적 학대 등을 포함하는 굉장히 포괄적인 폭력 개념입니다. 아직 정서 및 신체적으로 나약한 아이들이 이를 겪을 때 매우 심각한 문제가 나타날 수 있습니다.

뇌 발달 장애, 신경 시스템 장애, 스트레스 조절 장애, 애착 장애, 인지 장애 등 거의 모든 심리 장애를 초래할 수도 있습니다. 또한 아동 학대를 당한 아이의 경우 '아동기 우울증'이 나타날 확률이 매우 높습니다. 아동기 우울증에 걸린 아이는 활동성 저하와 위축, 섭식 및 수면 문제, 과민한 반응, 집중력 저하, 과한 울음 등의 증상을 보입니다.

무엇보다 심각한 문제는 자신의 감정을 잘 표현하지 못한다는 것입니다. 아동기 우울증 사례를 종합한 연구에 따르면, 그 아이들은 보통 9세가 되어서야 자신의 감정을 겨우 말로 표현한다고 합니다. 일반적으로 4~5세만 되어도 아이들은 자기가 뭘 좋아하고 싫어하는지 매우 자유롭게 표현합니다. 그런데 아동기 우울증은 자유롭게 표현해야 할 감정을 억압하는 태도를 먼저 익히도록 만들죠. 자신의 감정을 솔직하게 표현할 때 돌아온 것은 학대였기 때문입니다. 이처럼 아동기 우울증에 걸린 아이는 그 어린 나이에 자살을 고민하기도 합니다. 자신의 존재 자체가 부정되는 심리 경험을 하는 것이죠.

공익 단체 '세이브더칠드런'에서는 100주년 기념으로 아동 학대의 심각성을 알리는 광고를 제작했습니다. 광고 속 아이처럼 아동 학대를 당한 아이는 자신의 존재 자체를 부정적으로 보는 경향이 두드러집니다. 또한 아이에게는 세상의 전부나 마찬가지인 집이 공포의 공간으로 인식되기도 하죠. 아동 학대로 인한 심각한 부작용입니다.

이렇게 제대로 된 정서적 성장을 경험하지 못한 아이는 사회적으로도 상당히 위축된 경향을 보입니다. 청소년이 됐을 때 다른 사람에게 매우 높은 공격성을 드러내거나 스스로를 사회로부터 격리하기도 합니다. 즉 공동체 의식이 상당히 감소한 경향을 보이는 것이죠. 이는 여러 아동 학대 연구를 통해 보고되고 있습니다.[24]

그림 6.2와 6.3 아동 학대의 심각성을 알리기 위한 '세이브더칠드런'의 광고.

마지막 갈등 요소는 바로 부모의 외도입니다. 사랑의 서약으로 구성된 가족에게 배우자의 외도는 크나큰 배신으로써 가족을 붕괴시킵니다. 《펜스》에서 트로이는 외도를 넘어 다른 여자와 아

이까지 낳습니다. 아내 로즈 맥슨Rose Maxson에 대한 완전한 배신
이죠. 트로이가 아들들의 불만을 키워도 가족이 유지될 수 있었
던 이유는 로즈의 자애로운 면모 때문이었습니다. 로즈는 오직
가족을 위해 헌신하고 아들들을 타이르며 가족 내 균열이 일어나
지 않도록 균형을 맞추려 했죠. 하지만 돌아온 건 트로이의 외도
와 혼외 자식이 생겼다는 소식이었습니다.

    배우자의 외도는 심각한 정신적 트라우마가 됩니다. 상대방
의 사소한 행동이나 언행 하나하나마다 분노와 불안을 유발하죠.
외도는 배우자에 대한 믿음을 산산조각 내버리는 일이니 당연한
반응입니다. 문제는 여기서 그치지 않는다는 것입니다. 배우자의
외도를 경험했을 때 많은 경우 허무주의와 비관론에 빠지는 경향
을 보입니다.

    가족이란 가장 친밀하며 사랑을 기반으로 '함께 만든 공동
체'입니다. 그렇게 삶과 불가분의 관계에 있는 공동체의 한 축이
무너졌으니 자신의 세상과 인생 일부가 사라져버린 듯한 허무함
이 들 수밖에 없죠.

    비관론에 빠지는 또 다른 이유는 자신 또한 잘못이 있다는
생각이 들기 때문입니다. 이러한 생각을 불어넣는 이는 바로 외
도를 저지른 당사자입니다. 외도를 저지른 당사자는 배우자가 자
신의 욕구를 채워주지 못한 탓이라고 비겁하게 변명을 하며 오히
려 적반하장으로 배우자를 몰아붙입니다.

이와 같은 자아 방어 기제를 이르는 용어가 있는데, 바로 프로이트가 정의한 '투사'projection 입니다. 자신이 아닌 다른 대상에 잘못된 상황의 원인을 전가하는 것. 이것이 바로 투사의 기제입니다.

> 트로이 맥슨 그녀는 내게 새로운 영감을 줬어. 나를 새롭게 돌아볼 수 있도록 말야. 이 집을 나서면 난 그 모든 압박과 문제들로부터 벗어나 다른 사람이 될 수 있었어. 지붕을 고치거나 세금 내는 일 같은 걱정거리로부터 벗어날 수 있었지. 난 정말 이제껏 되지 못했던 새로운 내가 될 수 있었어.

외도 사실을 로즈에게 고백하면서 트로이가 늘어놓는 이야기는 뻔뻔해 보이기까지 합니다. 그는 외도를 통해 완전히 새로운 자신이 될 수 있었고 지긋지긋한 가족으로부터 받는 압박에서 벗어날 수 있었다고 말하죠.

본인의 외도 이유를 직장에서의 치열한 경쟁과 가정 내 역할 등을 수행하느라 자신을 잃어버렸기 때문이라 밝히는 이들이 있습니다. 이와 같은 관점에서 트로이를 최대한 이해해본다면, 그는 앞서 언급한 애정과 휴식, 그리고 오락의 기능을 제대로 수행하지 못하는 가족에 속해 있다고 할 수 있죠.

학술적 관점에서 좀 더 깊이 접근해보자면, 트로이는 쾌락과 동시에 고통을 느끼는 상태인 '주이상스'jouissance 의 욕망에 사로잡힌 사람이라 볼 수 있습니다. 외도를 하는 경우 일탈 행동을 통해 고정된 생활 패턴에서 벗어나려는 심리가 원인이 되는 경우가 많습니다. 배우자를 배신한다는 죄책감과 동시에 새로운 생활 패턴을 몰래 즐기고 있다는 스릴이 동시에 작용하는 것. 바로 이것이 외도를 행하는 사람의 심리 상태인 거죠. 황홀한 고통이라는 역설적 상태. 이 주이상스의 굴레에서 벗어나지 못하는 겁니다.

지배적인 부모와 그로 인한 아동 학대, 거기에 외도까지. 이 가족의 비극을 멈출 수는 없는 걸까요?

비극에 대처하는 가족의 자세

모든 비극의 중심에 있었던 아버지 트로이는 결국 가족을 떠나는 선택을 하게 됩니다. 아내와 가족을 버리고 새로운 사랑을 향해 떠나는데, 어쩌면 사필귀정일까요? 가족을 버리고 떠난 그는 결국 얼마 후 쓸쓸한 죽음을 맞이하고 맙니다. 그런데 트로이의 그림자는 여전히 가족에게 짙게 남아 있는 듯합니다. 그중에서도 트로이와 극렬한 갈등을 빚었던 막내아들인 코리에게 말이죠.

결국 코리는 미식축구를 포기하고 군대에 입대하게 됩니다. 이 부분이 바로《펜스》를 가족의 비극을 다룬 명작으로 만드는 중요한 장치들 중 하나입니다. 아버지의 강압적이고 수직적인 태도를 그토록 증오했던 코리는 그 어느 집단보다 경직되어 있고 수직적인 군대에 입대합니다. 아버지를 증오하면서도 무의식적으로 그를 닮아가고 있던 것이죠.

프로이트의 제자 자크 라캉Jaques Lacan은 자녀는 '모방 욕구'를 통해 부모의 욕망을 모방한다고 말했습니다. 부모의 가치관과 욕구를 자녀는 시시각각 자신의 것으로 만들려 한다는 것이죠. 코리와 트로이의 관계를 학술적인 용어로 표현하자면, '모방적 경쟁 관계'라 할 수 있습니다.

모방적 경쟁 관계는 자신이 모방하고자 하는 존재와 유사한 욕망을 실현함으로써 갈등하고 경쟁하는 관계를 일컫습니다. 코리는 무의식중에 아버지처럼 다른 사람 위에 군림하고 싶은 욕망을 실현하려고 했죠. 그리고 이미 죽은 아버지와 자신 사이의 갈등을 지속시킴으로써 아버지의 욕망을 자신의 것으로 만들어 승리하려 합니다. 그토록 싫어했던 아버지의 욕망을 더욱 강하게 실현함으로써 그를 넘어서려는, 불행한 경쟁의 화신이 되어버린 것입니다.

이제 우리는 알게 되었습니다. 부모와 자녀 간의 첨예한 갈등은 결국 똑같은 가족의 갈등과 구조를 반복하게 만든다는 것을. 그러므로 우리는 다시금 랭글리가 정의한 권위 있는 부모의 모습은 어떠해야 하는지 상기해봐야 하겠습니다.

랭글리는 '성공적 저항'이라는 표현을 사용했습니다. 이는 부모와 자녀가 선의의 경쟁을 벌이는 것입니다. 부모를 존경하면서 한편으로는 그 부모를 닮아 더욱 좋은 사람이 되고 싶다고 생각하는 것. 이것이 바로 성공적 저항입니다.

코리가 불행한 저항을 하게 된 것은 본인이 지각하고 있던 아버지의 안 좋은 면을 답습했기 때문입니다. 코리가 아버지에게 배울 수 있었던 면모는 없었던 걸까요? 트로이는 가족의 생계를 위해 자신의 꿈을 포기했습니다. 이 부분만큼은 분명히 가족을 위한 헌신이 맞습니다. 트로이가 가족의 생계를 위해 헌신하지 않았더라면 트로이의 아들들은 음악을 하거나 미식축구를 아예 시작조차 하지 못했을 수도 있죠. 라이언즈와 코리도 트로이의 입장을 이해하려는 노력을 해야 했습니다.

《펜스》에서 묘사되는 가족의 모습은 사실 20세기 중후반 우리나라의 가족을 닮아 있기도 합니다. 그래서 이 놀라운 작품을 통해 우리는 과거와 현재, 그리고 미래까지 투영해볼 수 있는 것이죠. 당시 트로이처럼 소통하기 어려운 부모를 가졌던 자녀 세대는 이제 부모가 되었죠. 그동안 가족의 모습도 많이 달라졌습니다. 현재의 많은 젊은 부모 세대는 자신이 겪은 아픔을 자녀에게 물려주지 않으려 많은 노력을 합니다. 자녀에게 깊은 관심을 기울이며 애정을 쏟는 것이 요즘 젊은 부모 세대의 특징입니다.

그런데 이러한 사랑이 너무 과도한 탓인지 과보호로 인한 사회 문제도 비일비재로 일어나고 있습니다. 자기 자식만 감싸는

152

부모가 새로운 사회 문제가 된 것이죠. 이전 세대와 정반대의 문제가 불거진 것입니다. 우리는 이 문제를 어떻게 슬기롭게 해결할 수 있을까요. 저는 어떤 기업 설문에서 그 해답을 찾고자 합니다. 한 기업이 광고[25]를 만들었는데, 그 광고에서 젊은 아버지들에게 설문 조사 형식으로 다음과 같은 질문을 던졌습니다.

"아이가 제일 좋아하는 음식은 무엇인가요?"

아이가 좋아하는 음식은 무엇인지, 아이의 사진을 항상 가지고 다니는지, 사랑한다 말한 것은 언제인지 등 자녀에게 얼마나 관심을 기울이고 있는지에 대해서 말입니다. 당연하게도 젊은 아버지들은 이 질문에 막힘없이 답을 썼습니다. 설문 직후 이들은 대상만 바뀐 같은 질문을 다시 받게 됩니다.

"아버지가 제일 좋아하는 음식은 무엇인가요?"

이번 질문의 대상은 아이가 아닌 자신의 아버지. 막힘없이 술술 답을 썼던 그들은 어쩐지 머뭇거리고 생각이 깊어지는 모양새입니다. 아이에 대해 작성할 때와는 다르게 그들은 왜 아버지에 대해서는 쉽게 쓰지 못한 걸까요? 아버지를 잘 몰랐다기보다는 아버지에 대해 관심을 갖고 생각해본 적이 별로 없기 때문일

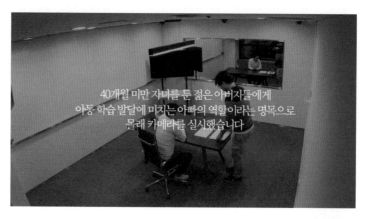

40개월 미만 자녀를 둔 젊은 아버지들에게
아동 학습 발달에 미치는 아빠의 역할이라는 명목으로
몰래 카메라를 실시했습니다

그림 6.4 KB금융기업의 "하늘같은 든든함, 아버지(몰래카메라)"편.

것입니다.

그러던 중 갑자기 그들의 앞에 놓인 스크린에 아버지가 나타납니다. 아버지의 진심이 담긴 영상 편지를 보면서 젊은 아버지들은 눈물을 흘리죠. 여기서 저는 해답을 찾았습니다.

가족의 비극과 갈등이 반복되는 것은 자신의 상황과 감정을 제대로 알리지 못하는 부모와 독립해 부모 곁을 떠나면서 부모를 잊어가는 자녀 때문입니다. 영상 편지를 통해 말한 것들을 조금 더 일찍 말할 수 있었다면, 또 설문지를 받기 전에 부모에 대해 조금 더 관심을 기울일 수 있었다면….

혈연으로 맺어진 가족이란 공동체는 세대를 거듭하여 무수히 반복되는 것이죠. 그렇기에 앞선 세대를 모른 척하거나 후속 세대에 무심하지 말아야 한다는 것을 광고는 전달하고 있습니다.

처음에 언급한 톨스토이의 표현처럼 비슷한 이유들로 행복하거나 저마다의 다른 이유들로 불행한 집단이죠. 여러분이 가족 안에서 행복을 느낀다면 그것은 크나큰 행운입니다. 그런데, 가족 안에서 불행하다면 반드시 그 이유를 찾아야합니다. 불행의 이유는 자신이 속한 가족 안에서 일어나는 특수한 일 때문인데, 이것은 피해를 입은 가족 구성원을 통해 반복되고 맙니다.《펜스》의 아버지 트로이 맥슨의 폭력과 강압적 성향이 코리 맥슨에게서 다시 나타난 것처럼 말이죠.

'반면교사'反面敎師라는 조금은 어려운 말이 있습니다. 다른 이의 잘못을 거울삼아 똑같은 잘못을 저지르지 않겠다는 다짐과 태도이죠. 반면교사를 강압적인 부모로 인해 고통받는 자식의 입장에서 이렇게 써보겠습니다. 나쁜 부모처럼 살지 않겠다는 다짐보다 중요한 것은 그 나쁜 부모와는 다른 정말로 좋은 사람, 그리고 부모가 되겠다는 다짐입니다.

자녀가 잘못을 하면 부모는 '회초리'를 든다고 말한다. 그런데, 회초리의 뜻을 아는 사람은 생각보다 많지 않다. 돌아갈 '회'回에 처음 '초'初, 이치 '리'理. 처음의 옳고 바른 이치로 돌아가라는 의미에서 드는 매가 바로 회초리다.

거짓말로 어머니를 속인 그때의 나는 그릇된 인간이었다. 나의 어머니는 거짓으로 남을 속이지 않고 올바르고 정직하던 나로 돌아가라며 매를 들었던 것이다. 그날 어머니의 매질이 없었다면 나는 또 거짓말을 쉽게 여기고 다시 어머니를 속였을지 모른다.

그날 내 어머니의 매는 분명 '회초리'였다.

― 본문에서 다룬 작품
《펜스》(2016)

― 함께 보면 좋을 작품
《캡틴 판타스틱》(2016), 《어린 왕자》(2015),
《크루즈 패밀리》(2013)

7장

정신분열증은 정말로 위험한가

내게만 드리운 시공의 장막

고등학생 시절 자원봉사 동아리에 들었었다. 동아리에서는 정신장애 아동을 돌보는 특수학교에서 목욕 봉사나 청소 봉사 등을 했었다. 정신 연령이 서너 살 정도에서 멈춘 덩치 큰 아이들을 돌보는 일은 꽤 고된 일이었다.

그중 아직도 기억에 남는 아이가 있다. 나와 비슷한 또래였고, 덩치는 나보다 컸던 그 아이. 어디를 보고 있는지 알 수 없는 시선에 도무지 알아들을 수 없는 중얼거림, 기이한 걸음걸이. 가장 놀랐던 것은, 뭔가 당황스러운 일을 마주하면 엄청나게 높은 고음으로 외계어 같은 말을 속사포처럼 내뱉는 것이었다. 길게는 1분 이상을, 정말로 래퍼 아웃사이더보다도 빠르게 쉬지 않고 말을 내뱉었다. 어린 나의 눈에 비친 그는 정말로 이상했다.

현실과 환상의 경계에서 길을 잃다

이 세계는 수많은 우주의 장막으로 이뤄져 있으며, 그 장막들 사이를 우주를 구성하는 가장 작은 단위인 '초끈'superstring 들이 오간다는 가설이 있습니다. 'M이론'M-theory 인데요. 여러분이 만약 브라이언 그린Brian Greene 의 『엘레건트 유니버스』Elegant Universe 를 읽는다면 M이론에 매료되지 않을 수 없을 것입니다.

저는 『엘레건트 유니버스』를 읽고 처음으로 무한히 겹쳐진 시공간에 대해 상상할 수 있게 됐습니다. M이론이 열어준 새로운 시공간 개념으로 귀신의 존재나 '전생'前生과 '후생'後生, 초자연적 현상, 꿈 등의 불가해한 것에 대한 근거를 댈 수 있게 될 것만 같았죠.

그런데 만약 적절한 수준(?)의 장막 간 교류가 아니라 훨씬 더 많은 횟수로 그러한 일이 비일비재하게 일어난다면 어떨까요? 혹은 다른 이들에게는 겹쳐지지 않는 장막이 내게만 지속적으로 겹쳐진다면? 현시대의 지식으로는 도저히 설명되지 않는 현상들을 더 많이 보거나 경험하게 되겠지만, 그것을 입 밖으로 꺼내는 순간 이상한 사람이 되고 말 것입니다. 다른 사람들은 그 것들을 볼 수도 경험할 수도 없으니까 말이죠. 환상과 실제를 동 시에 경험하는 일이란 어쩌면 그렇게 환상적인 일이 아닐지도 모르겠습니다.

현실을 판단하는 정신 기능에 변화가 일어나 다른 사람 이 이해하기 힘든 판단을 내리거나 환상을 현실로 믿는 증상 을 '정신분열증'schizophrenia이라 부릅니다. 19세기 말 오이겐 블 로일러Eugen Bleuler에 의해 명명된 용어죠. '분열된'을 뜻하는 그 리스어 'schizo'(스키조)와 마음 혹은 정신을 뜻하는 그리스어 'phrenia'(프레니아)를 합쳐서 'schizophrenia'(스키조프레니아)라 고 불렀습니다. 이를 직역하면 '정신분열'이기 때문에 우리나라 에서도 처음에는 직역한 말을 그대로 사용했습니다.

그런데 어감이 좋지 않다는 문제와 다중 인격 장애와 혼동되 는 경우가 잦아 2010년부터 '조현병'調絃病이라는 용어를 사용하 고 있죠. 그러나 영어권에서는 아직까지 용어에 대한 문제 제기 없이 그대로 사용하고 있습니다. 개인적으로는 조현병보다는 아 직 정신분열증이 익숙하기에 이 책에서는 원래 쓰이던 용어를 그 대로 사용하고자 합니다.

정신분열증이 우리나라에서 본격적으로 알려지기 시작한 것 은 그 유명한 '내 귀에 도청 장치' 사건 때부터입니다. 1988년 8

160

그림 7.1 '내 귀에 도청장치' 사건이 벌어졌을 때 뉴스 화면.

월 4일 'MBC 뉴스'가 생방송으로 진행되고 있을 때 일어난 사건이죠. 여느 때처럼 뉴스를 전하던 앵커 뒤로 낯선 남자가 갑자기 다가옵니다. 그러고는 앵커 마이크를 향해 이렇게 소리치기 시작했습니다.

"귓속에 도청 장치가 들어 있습니다. 여러분! 귓속에 도청 장치!"

이후 남자는 스태프에게 금세 제압당해 화면 밖으로 끌려 나갔지만, 그가 외친 '내 귀에 도청 장치'는 전파를 타고 전국으로 울려 퍼졌죠. 당연히 이 사건은 사회적으로 큰 이슈가 되었고, 대중의 인식 속에 정신분열증이 자리하기 시작합니다.

정신분열증의 두 가지 유형과 증상들

블로일러가 정신분열증이라는 용어를 사용하기 이전에 사람들은 이 질환을 어떻게 여겼을까요? 고대에는 멀쩡한 사람에게 악령이나 귀신이 들어가 환각이나 망상을 경험한다고 생각했습니다. 그렇기에 증상 치료를 위해 영적인 시술을 하려 했었죠. 그래서 두개골에 구멍을 뚫어 증상을 없애려 한 흔적이 남은 유골이 종종 발견되기도 합니다.

중세 시대 유럽과 미국 등지에서는 그런 이들은 악령이 든 것이라며 산 채로 불태워버리는 일이 횡횡했었죠. 현시대에 이르러 화형과 같은 비인간적 처사는 거의 없어졌습니다. 하지만 여전히 악령과 귀신 때문에 환각과 망상을 경험한다는 믿음은 남아 있습니다. 정신분열증에 걸린 사람을 굿이나 기도로 치료하려는 시도가 여전히 있는 것도 그러한 믿음 때문이죠.

지금은 적어도 두개골에 구멍을 뚫어 악령을 뽑아내거나 악령을 없애려고 산 채로 사람을 불태우는 일은 없습니다. 엄연한 정신 질환으로 분류해 의학의 힘을 통해 치료하고 있죠. 블로일러와 비슷한 시기에 정신분열증 관련 연구를 하던 에밀 크레펠린Emil Kraepellin은 그것을 '조발성 치매'dementia praecox라 생각했습니다. 당시 크레펠린은 정신분열증을 치매와 비슷한 증상이라 봤는데, 환자의 뇌가 비정상적으로 일찍 퇴화한 탓으로 여겼던 것입니다.

치매를 뜻하는 'dementia'(디멘시아)에 '일찍 발생한다'는 뜻을 지닌 'praecox'(프래콕스)라는 말을 붙인 이유도 바로 그러한 이유 때문이었습니다. 사실 정신분열증은 10~30대에 주로 발병[26]하고 40대 이후에는 발병률이 급격히 떨어집니다. 따라서 크레펠린이 붙인 '조발성'이란 표현이 완전히 틀린 말은 아니겠네요.

그동안 꾸준히 발전해온 심리학과 뇌 과학 덕분에 다각도로 정신분열증을 연구할 수 있게 됐습니다. 현재는 정신분열증과 관련된 증상을 크게 두 가지 유형으로 분류합니다. '유형 I : 양성 증상'과 '유형 II : 음성 증상'으로 말이죠.

먼저 유형 I은 보통 사람이 가진 특성을 과도하게 지닌 유형이라 '양성'(+) 증상이라 부릅니다. 보통 사람은 보지 못하는 환각이나 망상을 경험하거나 기이한 행위를 과도하게 하는 등의 증상이 나타나죠. 유형 I은 갑작스럽게 발생하는 경우가 많고 대부분 약물 치료가 가능한 것으로 보고되고 있습니다.

유형 II는 유형 I과는 정반대로 결핍이 나타나기 때문에 '음성'(-) 증상이라 부릅니다. 언어적으로 퇴보하거나 사회생활을 극단적으로 줄이는 은둔, 고립, 무기력 증상이 나타나죠. 양성 증상과 달리 오랜 기간에 걸쳐 증상이 서서히 진행되는 경우가 많아 심각한 수준에 이르기 전에는 발견하기도 힘듭니다. 뿐만 아니라 오랜 시간에 걸쳐 뇌의 구조적 변형이 일어나기에 약물 치료를 기대하기 힘들고 완치는 거의 불가능합니다.

어떤 유형이든 가급적 일찍 발견할수록 치료하기 쉽습니다. 지속적인 관리도 필요하고요. 그렇다면 정신분열증을 가늠할 수 있는 방법으로는 어떤 것이 있을까요? 정신분열증의 대표 증상으로는 망상과 환각, 와해된 언어, 와해된 행동, 정서 및 사회적 기능 장애가 있습니다. 이 증상들이 1개월 이상 지속될 경우 정신분열증으로 진단합니다.

구체적인 증상을 몇 가지 언급하자면 다음과 같습니다. 위생 관리가 엉망이고 옷을 이상하게 입는 증상이나 이상한 단어와 문장 구조를 가진 대화 방식, 외계인이나 신비주의에 몰두하는 모습, 알코올 중독과 가출, 사회적 고립과 은둔과 같은 증상이 있습니다. 이 증상 중 몇 가지는 일반인에게도 일어날 수 있습니다. 일시적으로 말이죠. 따라서 증상들의 지속성을 살펴본 뒤 정신분열증을 진단합니다.

개인과 사회 모두에 큰 고통을 주는 정신분열증을 극복하려면 어떻게 해야 할까요? 여기, 정신분열증을 극복하고 노벨 경제학상까지 수상한 천재가 있습니다. 이 인물의 사례를 통해 정신분열증을 이겨낼 수 있는 방안을 모색해보도록 하겠습니다.

환각과 망상의 수렁에 갇힌 천재 수학자

22세의 젊은 나이에 박사학위를 취득하고 30세에 수학계 최고 권위를 자랑하는 필즈상Fields Medal 후보에 오를 정도로 뛰어난 수학자가 있었습니다. 그의 이름은 존 내시John Nash 입니다. 그는 1959년 정신분열증으로 확진받은 뒤 회복되기까지 무려 30년 이상 투병 생활을 한 것으로도 유명하죠.

내시는 환각과 망상, 신체 경직 등 정신분열증 증세로 엄청난 고통을 겪었습니다. 그럼에도 그것을 이겨내고 1978년에는 위대한 이론을 정립한 학자만이 받을 수 있는 존 폰 노이만 이론상John von Neumann Theory Prize 을 수상하고 1994년에는 영예로운 노벨 경제학상을 수상하는 등 그야말로 인간 승리를 보여줬죠. 이러한 내시의 드라마틱한 삶은 영화로 만들어지기도 했습니다. 그 영화는 바로 론 하워드Ron Howard 감독의 《뷰티풀 마인드》A Beautiful Mind 입니다.

정신분열증을 다룬 작품은 대부분 정신분열증을 극적 반전의 장치로 사용합니다. 이를테면 주인공이 러닝타임 내내 처해 있던 긴박한 상황이 모두 그의 환각이었다는 식으로 결말을 내버리죠. 그러면서 주인공이 사실은 정신분열증 환자라 실재하지 않는 것에 매몰돼 있었다고 작품의 마지막에 밝힙니다. 그렇게 정신분열증은 극적 반전을 만드는 장치가 됩니다.

하지만 《뷰티풀 마인드》는 정신분열증 환자와 그의 가족을 비롯한 주변인이 겪는 실제 고통에 집중했습니다. 정신분열증 환자를 바라보는(조롱하는) 타인의 시선을 적나라하게 묘사하기도 했죠. 내시가 투병 중 실제로 감당해야 했던 일에 대해 세세히 묘사했기에 이 영화를 본 사람은 정신분열증이 얼마나 중대한 질환인지 알게 되었을 것입니다.

영화 속 내시는 냉전 시대 때 미국 정보국을 위해 구소련의 암호를 해독하는 일을 하게 됩니다. 그 일에 지나치게 몰두했던 경험이 후에 정신분열증 발병의 원인으로 묘사되죠. 사실 내시는 1950년부터 1954년까지 미국 국방성 산하 랜드연구소RAND Corporation에서 일했습니다. 그곳에서 국가 간 게임 전략 이론을 연구했죠. 《뷰티풀 마인드》는 바로 이러한 내시의 실제 경력에 착안해서, 어떻게 내시의 정신분열증이 발병하게 됐는지를 설득력 있게 보여줍니다. 훗날 내시는 자신의 정신분열증 발병 원인에 대해서 이렇게 밝히기도 했습니다. 비밀스럽고 매우 중대한 일을 한다는 생각, 자신에 대한 과신과 기대 탓에 정신분열증에 걸린 것이라고.

정신분열증으로 투병하던 내시를 가장 괴롭힌 것은 피해망상이었습니다. 피해망상은 정신분열증 환자 중 60퍼센트 이상이 겪는 증상입니다. 피해망상은 누군가가 자신에게 심대한 피해를 입힐지 모른다는 불안에서 기인하는 증상이죠. 실제로 내시는 빨간 넥타이를 한 구소련 스파이들이 자신의 일거수일투족을 감시하고 있으며, 언제든 납치되거나 살해당할지 모른다는 피해망상에 시달렸습니다. 정부 기관에 빨간 넥타이를 한 공산주의자 일당이 새로운 정부를 출범시킬 것이라고 주장하는 투서를 보냈을 정도로 심각했죠. 피해망상의 정도는 시간이 지날수록 악화되고 그의 삶을 잠식해버립니다.

내시는 정신분열증 발병 후 매우 불안한 눈빛과 행동을 보입니다. 영화는 내시의 피해망상이 심해질수록 극도의 불안 상태에 빠지는 모습을 집중적으로 묘사하죠. 언제 자신을 덮쳐 올지 모르는 스파이에 대한 불안 때문에 집 안에서 항상 소등하고 블라인드 틈으로 간신히 밖을 응시하는 내시. 이러한 모습은 그가 지닌 극한의 공포를 보여줍니다.

내시에게 피해망상만큼이나 큰 고통을 준 또 다른 증상은 환각이었습니다. 환각은 실재하지 않는 대상을 인지하는 증상입니다. 정신분열증 환자는 환시와 환청 등에 시달리는 경우가 많습니다. 환각 증상이 심해지면 환자는 현실과 환각을 구분하지 못하는 지경에 이르러 실생활이 불가능해집니다. 영화 속 내시는 환각 속에 존재하는 룸메이트 찰스 허먼Charles Herman과 국방부 요원 윌리엄 파처William Parcher로 인해 끊임없이 고통받습니다.

내시는 대학 시절 기숙사 방을 혼자 사용했는데, 자신에게 허먼이라는 룸메이트가 있었다고 말합니다. 또한 정보국으로부

터 구소련의 암호 해독 요청을 받은 이후에는 파처라는 가상의
인물과 함께 업무를 수행합니다. 그들은 오직 내시에게만 보이는
존재들입니다. 허먼과 파처는 내시의 삶에 사사건건 관여하면서
그의 현실을 헝클어뜨립니다.

　이따금 내시는 논리적이지 못하고 횡설수설하거나 자신만이
이해할 수 있는 언어를 구사하기도 합니다. 뿐만 아니라 기이한
걸음걸이나 자세를 취하는 식의 와해된 행동도 합니다. 무기력한
상태에 빠진 사고와 행동. 때때로 격렬한 초조함도 보입니다. 초
조와 불안은 근육을 극도로 긴장시켜 현실에서의 삶을 점점 더
힘들게 만들죠. 갈수록 증세가 심해지는 내시를 그대로 두고 볼
수 없던 그의 아내와 동료는 내시를 치료하기 위한 각종 방법을
동원합니다.

환상과 현실을 구분해내기 위하여

결국 그의 아내 알리시아 내시Alicia Nash와 동료들은 내시를 병원
에 입원시키기로 결정합니다. 입원한 내시는 정신분열증 치료를
위해 약물과 심리 치료를 병행했습니다. 그는 인슐린을 투여하는
약물 치료를 받았는데, 현재는 인슐린보다 신경이완제를 더 많
이 사용합니다. 약물 치료를 받으면 망상과 환각에 대한 통제가

가능해지는데, 실제 환자 중 약 60퍼센트 정도가 약물 치료를 통해 호전되는 것으로 보고되고 있습니다. 하지만 근육 경화나 졸음, 과식, 불안 같은 부작용이 동반되는 경우도 있습니다. 제멋대로 몸이 움직이는 증상이 생기기도 합니다. 영화 속 내시가 부자연스러운 걸음걸이나 행동거지를 보이는 이유는 약물 치료 부작용 때문입니다.

심리 치료는 환자 스스로가 환상과 현실을 구분하는 데 도움을 줍니다. '신념 수정'과 '직면하기', '사고 중단' 방법이 실제로 심리 치료에 활용되고 있죠. 심리 치료를 통해 정신분열증 환자는 환각을 극복하고 현실을 직면할 수 있게 됩니다.

신념 수정은 환자가 보는 환각에 대해 토론하고 그것을 쫓아낼 수 있도록 말하게 하는 치료법입니다. 먼저 의사는 환자로 하여금 환각을 설명하도록 유도합니다. 환자의 설명을 다 들은 의사는 그 환각이 왜 현실이 아닌지를 논리적으로 대답해줍니다. 논리적으로 환각이 실재하지 않음을 설명함으로써 환자로 하여금 환각과 현실을 구분하도록 만들어주는 것이죠. 주로 약한 환각에 대한 토론으로 시작하여 강한 환각을 구분하는 단계로 나아갑니다.

두 번째는 직면하기입니다. 직면하기는 신념 수정과 달리 가장 강한 환각을 곧장 직시하도록 해주는 충격 요법이라 할 수 있겠습니다. 환자로 하여금 강력한 환각을 피하지 말고 직시하도록 만드는 것이죠. 그리고 그 환각이 실제가 아니라는 것을 알도록 현실과 계속 분리시키는 연습을 하게 합니다. 직면하기는 신념 수정처럼 점진적이고 섬세하게 치료를 진행하는 방법은 아닙니다. 그렇기 때문에 자칫 치료를 행하는 사람과 환자 모두 위험할 수 있습니다. 전문적으로 훈련된 의사가 아니면 함부로 행해서는 안 됩니다.

마지막으로 사고 중단 방법은 망상이나 환각이 떠오를 때 '중지!'를 외쳐 환자의 사고를 중단시키는 기법입니다. 환자 스스로 발화를 통해 지속적으로 환각과 현실을 구분하는 연습을 시키는 것이죠. 내시는 파처가 등장하면 "당신은 진짜가 아니야!"라고 외치며 그를 쫓아내기 위해 안간힘을 씁니다.《뷰티풀 마인드》속 이 장면은 사고 중단 치료의 실제 예시를 매우 잘 보여주는 장면이죠.

내시는 상담과 약물 치료를 무려 30년 이상 받아야 했습니다. 그 오랜 노력에도 불구하고 내시는 죽는 날까지 정신분열증을 완전히 치료하지 못했다고 밝혔습니다. 다만, 환각과 현실을 완전히 구분하고 무시할 수 있게 됐을 때 치료를 멈췄다고 말했죠. 그 오랜 치료를 통해서도 환각을 완전히 지우지는 못했던 것입니다.

정신분열증을 치료한다는 것은 이토록 길고 어려운 싸움을 해야만 하는 힘든 과정입니다. 너무도 지독한 질환이죠. 그렇기

그림 7.2 환각 속 인물인 윌리엄 파처(왼쪽)를 무시하고 현실을 보기 위해 몸부림치는 존 내시(오른쪽).

에 더욱 각별히 주의하면서 오랜 시간에 걸친 관리와 치료가 필요합니다.

정신분열증은 가장 많은 이들의 병

'우울증은 마음의 감기와 같다'라는 말을 들어본 적이 있나요? 감기만큼이나 쉽게, 자주 걸리는 병이 우울증이라는 것인데, 사실 가장 많은 이들이 걸리는 정신 질환은 우울증이 아닙니다. 그것은 바로 정신분열증입니다.

전 세계적으로 정신분열증 평생 유병률은 0.3~0.7퍼센트로
나타나고 있습니다. 한국인의 경우 약 0.2퍼센트로 보고되고 있
죠. 전 세계 유병률에 비하면 상대적으로 낮은 수치입니다. 그러
나 우리 사회의 정서를 고려해본다면 통계에 집계되지 않은 환자
수는 훨씬 더 많을 것입니다. 우리나라 정신건강의학과 진료 환
자의 약 70퍼센트는 정신분열증으로 고통받는 환자라고 보고됩
니다. 전체 입원 환자의 약 55퍼센트가 정신분열증 환자라는 보
고도 있죠. 여러 보고를 통해 우리는 정신분열증이 가장 많은 이
들이 앓는 정신 질환임을 알 수 있습니다.

물론 우울증이나 조울증의 경우 환자가 스스로 정신 질환이
라 인지하기 힘들 수도 있습니다. 정신분열증처럼 환각이나 망상
이 나타나 실생활을 불가능하게 만들지는 않기 때문이죠. 따라서
의료 기관을 찾는 빈도가 낮아 통계만으로 보면 그 수가 낮게 나
타날 수 있겠습니다. 그런 점을 감안하더라도 통계 격차가 너무
큽니다.

앞서 언급했듯 내시는 무려 30년 이상 정신분열증과 싸워야
했습니다. 증세가 호전됐다가 악화되기를 수없이 반복했다죠. 그
만큼 재발률이 높은 질환이 바로 정신분열증입니다. 정신분열증
이 재발한 환자는 알코올 중독이나 약물 의존증에 시달리는 경
우가 많습니다. 술과 약물로 환각과 망상을 잠시나마 쫓아내려고
요. 환각과 망상을 향해 폭력을 휘두르는 경향도 많이 나타납니

다. 어떻게든 환각과 망상을 지워버리고 싶어서죠. 나아가 그것들을 만든 원인이 자신이라 생각하거나 결국 죽음에 이르게 되는 경우도 약 10퍼센트에 달합니다. 10명 중 한 명은 환각이나 망상 때문에 죽는 것이죠.

저는 이를 두고 자살이라는 표현을 쓰고 싶지 않습니다. 자살이 아닌 환각과 망상에 의한 타살이기 때문입니다. 자신의 의지가 아닌 환각과 망상에 이끌려 죽게 되는 불행한 죽음입니다. 환각으로부터 벗어나기 위해 죽음을 택하는 경우도 있죠. 무엇보다 정신분열증 환자의 경우 주변 사람들을 힘들게 할까봐 죽음을 택하거나 잠적하는 일이 많습니다. 너무나 안타깝고 가슴 아픈 질환이 아닐 수 없습니다.

이타심이 만들어낸 자기혐오의 감옥

뉴스에서는 흉악범이 된 정신분열증 환자를 매우 자극적인 방식으로 보도합니다. 하지만 그런 경우는 정말 극소수에 불과합니다. 앞서 언급했듯 정신분열증 유병률은 거의 1퍼센트에 이르며, 이는 곧 100명 중 1명은 정신분열증에 걸릴 수 있다는 말입니다. 뉴스에서 보도되는 정신분열증 환자의 특성에 근거한다면 우리 사회는 극악무도한 범죄로 차고 넘쳐야 합니다. 그런데 실상이 그런가요? 전혀 아니죠.

　　정신분열증에 걸린 환자 대부분은 스스로를 고립시키고 사회로 쉽게 나오지 못합니다. 그들이 사람을 떠나 은둔하는 대표적 이유는 '주변 사람을 아프게 하거나 다치게 할까봐'입니다. 그들은 이것이 두려워 홀로 견디기를 택한 겁니다. 그렇게 외로움과 고통 속에서 정신분열증과 싸우고 있는 것입니다.

　　정신분열증 환자가 제대로 된 치료를 받기 위한 첫걸음은 자신이 주변을 해치지 않을 것이라는 확신을 갖는 일입니다. 이것에 성공하지 못한다면 환자는 스스로를 격리하고 끝없는 고통 속에서 살아가게 될 겁니다. 출퇴근 형식의 프로그램인 '낮 병원'에 다니는 것 또한 치료 방안이 될 수 있습니다. 낮 병원 말고도 직업 훈련 학교나 재활 심리 치료에 정기적으로 나가는 것도 좋겠습니다. 이런 것을 참조해 정신분열증 환자가 사회로 원활하게 복귀할 수 있도록 주변에서도 도와야겠습니다.

> "200명 가운데 한 명은 일생 중 한 번은 정신분열증에 걸린다. 그 한 명이 나 자신일 수도 있고 우리 가족일 수도 있다. 따라서 **정신분열증에 대해 보다 정확한 지식을 가지고 그들을 대해야 할 것이다."**[27]

　　인용된 문구처럼 정신분열증은 정말로 발병률이 높은 질병입니다. 자신을 비롯한 주변인 누구나 걸릴 확률이 높은 질병이라는 것을 잊어서는 안 됩니다. 그럼에도 불구하고, 우리는 주변에서 정신분열증 환자를 거의 볼 수 없기에 아주 희귀한 질환으로 생각하고 있습니다. 앞서 언급했다시피, 정신분열증 환자들은 은둔하거나 병원에 있으니까 살면서 볼 일이 거의 없죠.

그런데, 뉴스나 인터넷에서 떠도는 정보 속 정신분열증은 매우 끔찍합니다. 영화, 드라마, 소설 속에서는 정신분열증의 증상들이 과장되게 표현되는 경우가 너무 많습니다. 작품을 위한 설정이지만, 그것이 오히려 무분별한 오해를 키우기도 합니다.

우리는 정신분열증이 다른 사람을 해치는 매우 위험한 질병이라는 잘못된 인식과 오해를 버리고 올바르고 정확한 지식을 가져야 합니다. 정신분열증은 무차별적인 폭력을 휘두르거나 살인을 저지르는 비정상적 심리가 발현되는 질환이 아닙니다. 오히려 고통스러운 망상과 실체 없는 불안 때문에 스스로를 해치고 마는 절망과 허무의 병이라는 것을 알아야겠습니다. 정신분열증에 대한 막연하고 실체 없는 낭설을 걸러낼 수 있기를 바랍니다.

정신분열증을 앓는 사람과 직접적으로 마주하고 이야기를 나눈 일은 그때 그 아이 이후로 한 번도 없었다. 가끔 지하철이나 길에서 넋이 나간 채 걸어다니며, 알 수 없는 말을 중얼거리거나 대답 못 할 이상한 말을 거는 사람들을 보면 정신분열증인가보다 하는 정도가 전부다.

대부분의 정신분열증 환자는 뉴스가 만들어낸 '도시 괴담'처럼 위험한 존재가 아니다. 오히려 이 사회 속에서 살지 못하는 가련한 존재이며, 그렇게 홀로 고립되어 살아가는 고독한 존재다.

고등학생 때 내가 도우려 했던 그 아이는 독특하긴 했으나, 단 한 번도 다른 이에게 피해를 끼친 적이 없었다. 오히려 우리가 내민 도움의 손길을 두려워했다. 그는 그저 홀로 구석진 곳에 숨어 있던, 덩치만 큰 소심한 아이였다.

— 본문에서 다룬 작품
《뷰티풀 마인드》(2001)

— 함께 보면 좋을 작품
《셔터 아일랜드》(2010), 《샤인》(1996),
《비밀이 아닌 이야기》(2020)

8장

정당한 보복은
가능할까

복수와 질투는 나의 것

나는 게임을 좋아했다. 특히, 나의 캐릭터를 성장시키는 유의 온라인 게임을 즐겨 했는데, 그런 게임을 하다보면 필연적으로 다른 사람들과 부딪히기 마련이었다. 내 캐릭터를 성장시키기 위해서는 꾸준히 사냥을 통한 레벨업을 해야 하는데, 한정된 '사냥터'에 여러 사람이 몰리다보면 약탈과 다툼이 벌어졌다. 약탈당하는 것만으로도 기분이 매우 불쾌해지는데, 그 상대가 욕을 하거나 약이라도 올리면, 그야말로 분노가 폭발했다.

그때부터는 정상적인 상태로 게임을 할 수가 없었다. 갑자기 나타난 그 '악랄한 침입자'를 벌해야만 원래의 평정을 찾을 수 있었다. 오직 그 대상을 죽이기 위해 모든 힘을 쏟아부어야 했다.

복수는 숙명이었고, 복수는 나의 것이었다.

복수는 전염성이 강한 마음의 질병

우리는 서로 관계를 맺고 살아가는 사회적 동물이며 사회가 고도화될수록 그 관계 또한 고도화됩니다. 그렇기에 우리는 다양한 영역에서 알고 있던 사람뿐 아니라 전혀 모르는 사람과도 영향을 주고받게 되죠. 만약 요즘 말로 참 듣기 좋은, 이른바 '선한 영향력'만 서로 주고받을 수 있다면 얼마나 좋을까요.

그런데 우리는 그것 못지않게, 혹은 그보다 더욱 자주 '파괴적 영향력'을 주고받습니다. 파괴적 영향력은 인간관계를 단절시킬지도 모르는 위험한 영향력입니다. 그중에서도 가장 파괴적인 영향력을 하나 꼽는다면 그건 아마도 복수심일 것입니다.

내가 입은 피해를 상대방에게 돌려주고자 하는 것. 그래서 내가 당한 고통을 상대방이 느끼게 만들고 싶은 강렬한 욕망. 카렌 호나이Karen Horney는 복수심이 인간의 그 어떤 욕망이나 충동보다 강력한 것임을 다음과 같이 강조했습니다.

"복수 충동은 이기심을 비롯한 모든 것을 우선순위 밖으로 밀어내고 삶의 열정을 잠식한다. **복수심에 지배당한 인간은 자신이 가진 모든 지성과 힘을 복수라는 목표 하나에 집중한다.**"[28]

호나이의 말처럼 복수심에 온몸을 지배당한 인간은 이성적으로 생각하거나 판단할 수 없는 지경에 이릅니다. 오직 복수 하나만을 생각하게 되는 것이죠. 그렇기에 복수는 종종 자신과 상대 모두를 파괴하는 병이라고 불리기도 합니다.

실제로 복수를 인간에게서 발병하는 질병의 한 형태로 여기는 관점이 있습니다. 바로 '복수의 질병 모델'이라 불리는 것입니다. 복수의 질병 모델에서는 복수를 심적 저항력이 약한 사람이 걸리는 질병으로 여깁니다. 복수를 실행하는 사람이나 복수의 대상이 된 사람 모두 파괴시키는 심리적 성격 장애라 정의하죠.

복수만큼 전염성이 강하고 파괴적인 질병이 또 있을까요. 복수의 질병 모델에 따르면, 복수라는 질병을 치료하기 위해서는 용서라는 심리적 치유제가 필요합니다. 복수의 충동을 억누르고 상대를 용서할 때에만 복수라는 역병은 끝이 나게 됩니다.

일각에서는 복수를 원시 문명의 단계에서부터 자연스레 자리 잡은 인간 본성의 한 부분으로 보기도 합니다. 진화론적 관점에서 복수를 설명해보려는 시도입니다. 초기 문명 단계에서 인간은 희소한 자원을 가지고 경쟁하며 살아남기 위해 상대를 굴복시키거나 제거해야 했습니다. 상대가 미리 선점해둔 자원을 빼앗는 편이 광활한 자연 속에서 스스로 자원을 획득하는 것보다 편했기 때문입니다. 자연스레 유한한 자원을 지키려는 자와 빼앗으려는 자, 빼앗긴 것을 다시 빼앗아 오기 위한 끝없는 싸움이 반복되었습니다. 끝나지 않을 복수의 연환이 시작된 것입니다.

이와 같은 현상이 싹트기 시작한 시점을 최초의 현생 인류 '호모 사피엔스'Homo Sapience가 등장한 때부터라고 가정하죠. 그렇게 따지면 최소한 20만 년은 우리의 DNA 속에 견고하게 다져진 본성이 바로 복수인 겁니다.

우리가 용서를 하는 이유도 비슷한 맥락에서 설명할 수 있습니다. 더 강한 적을 제거하기 위한 적과의 동침이라 할까요. 원한 관계에 있던 두 개체가 더 강한 공동의 적을 보다 안전하고 효과적으로 제압하기 위해 용서를 한다는 것이죠. 더 큰 위협으로부터 생존하기 위해 복수를 중지하는 일이 세대를 거듭하며 용서로 굳어졌다는 것. 이것이 바로 진화론적 관점에서 본 용서입니다. 그러나 인간의 복수심을 생존에만 국한하여 생각할 수는 없습니다. 인간은 생존 그 이상의 삶을 추구하는 존재이기 때문이죠.

자신의 이익마저 포기하게 만드는 복수 심리

대학에서 수업을 하다 보면 학생들이 유독 싫어하는 것들이 몇 가지 있습니다. 그중 하나가 바로 '팀플'(조별 활동)입니다. 팀플 유무가 수강을 선택하는 기준이 되기도 할 정도입니다. 대부분의 학생들은 잘 알지도 못하는 사람과 팀을 이뤄 과제를 수행해야 한다는 것에 질색합니다. 저 역시 학생 시절 팀플에 대한 안 좋은 기억이 있기에 팀플은 최대한 지양하는 편입니다.

하지만 커리큘럼상 팀플이 강제된 수업도 있습니다. 이 경우에는 어쩔 수 없이 팀플을 진행할 수밖에 없죠. 팀플 평가에서 반드시 수행해야 할 조건으로 팀원 간 상호 평가 제도가 있습니다. 같은 팀이 된 학생끼리 서로의 기여도를 직접 평가해 점수를 책정하는 제도입니다. 물론 무기명으로 평가하고 점수는 공개하지 않으므로 학생들은 누가 어떤 점수를 주었는지 알 수 없습니다.

처음 이 제도를 시행하라는 공지를 받았을 때 무척이나 싫었습니다. 같은 팀원끼리 서로 평가하고 순위를 매기도록 만드는 것이 제게는 그 옛날 조선의 '오가작통법'五家作統法°을 연상시켰기

° 조선시대 시행된 행정 관리 법령으로서 다섯 집을 하나의 통으로 구분하여 세금이나 군역 의무 등을 관리 감독하게 한 제도입니다. 한 통에 묶인 집에 문제가 생기면 그 통의 다른 집들이 대신 그 문제를 해결해야 했죠. 그렇기 때문에 이웃끼리 서로 감시하는 부정적 현상이 생기기도 했습니다.

때문입니다. 제가 해야 할 평가의 부담을 학생들에게 전가하는 것 같은 찜찜한 기분도 들었죠.

처음 이 제도를 실시했을 때는 팀원 간 기여도를 순위로 매겨 평가하고 결과를 제가 합산해 팀원 순위를 정산했었습니다. 그런데 팀원끼리 협동이 잘되고 사이도 원만할 때 팀 내 순위제는 그야말로 잔인한 제도가 되어버립니다. 이후 학생 설문을 통해 순위가 아닌 자신을 포함한 팀원 기여도를 1~5점으로 매겨 총점을 내는 식으로 바꿀 수 있었습니다.°

상호 평가 제도는 팀에 대한 기여도가 낮거나 효율적인 팀 운영에 있어 방해가 된 팀원에게 점수로 복수할 수 있는 방법이 될 수 있었습니다. 기여도가 낮으면 같은 팀원이 복수할 수 있다는 공포를 심어줌으로써 참여를 강제하는 기능도 있었죠.

이것이 바로 '프리라이더'(무임승차자) 발생을 예방하고 집단 과업을 효율적으로 실행하는 데 기여하는 복수의 기능입니다. 집단 활동에 아무런 기여도 하지 않고 이득을 취하려는 개인에게 복수에 대한 공포를 주는 것이죠. 그렇게 함으로써 집단의 공동 목표 달성과 안정에 기여하도록 만드는 것입니다. 상호 평가 제도를 꾸준히 실시하고 개선시킴으로써 강의 설문이나 평가 등에

° 동국대학교에서 2017년도 1학기 〈문화와 예술 명작세미나〉 수업을 수강한 학생들이 설문을 통해 제안해주었던 여러 의견을 통해 상호 평가 제도를 개선할 수 있었음을 밝히며, 이에 대한 깊은 감사를 표합니다.

서 팀원 기여에 대한 불만을 제기하는 비율은 줄어들었습니다. 상호 평가 제도는 공식적이고 합리적인 복수로서 기능했기에 그야말로 필요악이었던 것입니다.

마이클 맥컬러프Michael McCullough는 투자 게임과 프리라이더 처벌에 관한 연구를 언급했는데, 이 연구 결과 역시 복수의 순기능을 두둔합니다. 실험 참가자들은 두 팀으로 나뉘어 서로 협동하며 투자 게임을 하게 됩니다. 한 팀은 프리라이더를 처벌할 수 있고, 다른 한 팀은 처벌하지 않도록 했죠. 게임 결과에 따라 팀을 옮길 수도 있었습니다. 처음 시작할 때 프리라이더를 처벌할 수 있는 팀 인원은 전체의 3분의 1 정도밖에 되지 않았습니다.

하지만 30게임 이상을 거치고 난 뒤 전체의 93퍼센트가 프리라이더를 처벌할 수 있는 팀으로 이동했습니다. 맥컬러프는 이 연구를 언급하며, 프리라이더를 처벌하는 집단 내 복수 기능은 인간이 협력을 통해 현재의 문명을 구축하는 데 필수적이었다고 주장합니다.[29]

이번에는 개인의 감정적 안위에 관련한 복수를 살펴보도록 하겠습니다. 지금부터 하나의 상황을 가정해보겠습니다. 어느 날 여러분이 길을 걷고 있는데, 한 사람이 다가와 5만 원을 건넵니다. 아무런 조건도 없이 여러분에게 5만 원을 건네며, 그래야만 자신도 5만 원을 그냥 얻을 수 있다고 말합니다. 기분 좋게 5만 원씩을 번 여러분과 그 사람은 그 돈을 들고 하고 싶은 것을 하면

됩니다. 양쪽 모두에게 공평하고 너무나 행복한 상황이 아닐 수 없죠. 이번에는 상황을 조금 다르게 설정해보겠습니다.

만약 상대방이 여러분에게 1만 원을 건네고 자신은 9만 원을 가진다고 말한다면 어떤 기분일 것 같나요? 여러분은 조금 전 상황처럼 기분 좋게 1만 원을 받아들일 수 있을까요? 만약 받아들이지 못한다면 그 이유는 무엇입니까? 지금 제가 여러분에게 제시한 가정된 상황은 바로 '최후통첩 게임'Ultimatum Game이라 불리는 실험이었습니다. 그리고 이 실험 결과는 다음과 같았습니다.

경제적 관점에서만 보면 분명 두 번째 상황은 여러분에게 아무런 손해도 없고 이득만 취할 수 있는 상황입니다. 그런데 놀랍게도 두 번째 상황에 처한 사람 대부분은 돈을 받기를 거절했습니다. 보다 자세히 말하자면, 자신의 이익이 전체 금액의 25퍼센트 미만일 경우 대부분 돈 받기를 거절했습니다.

자신의 이익을 포기하고서라도 '불평등한 제안'을 건넨 상대방의 이익을 소멸시켜버리려는 복수 심리가 작용했기 때문이죠. 어차피 처음부터 없었던, 그리고 그리 큰 액수의 금액이 아니라면 불평등한 심보를 가진 상대 또한 못 가지게 만드는 것입니다. 이것이 바로 최후통첩 게임을 통해 밝혀진 개인의 감정적 안위를 위한 복수 심리입니다.

이처럼 복수는 사회 통합뿐 아니라 개인의 감정적 안위 또는 부당한 상대에 대한 자신의 정의를 실현하기 위해 필요악으로서 존재합니다. 하지만 모두가 알다시피 복수는 감정적으로든 물리적으로든 어느 한쪽에 반드시 피해를 줍니다. 그렇기에 우리는 용서와 화해를 통해 물고 물리는 파괴적 복수의 연환을 끊어내는 선택을 할 수 있어야겠습니다.

우리에게는 용서의 본능도 있다

가장 이상적으로 복수의 연환을 끊어낼 수 있는 인간의 방식은 아마도 용서일 것입니다. 피해를 당한 주체가 마음속에 들끓는 복수심을 잠재우고 가해자를 향한 부정적 감정을 긍정적 감정으로 대체하는 것이 용서의 기본적인 메커니즘이죠. 특히 용서라는 메커니즘이 실행될 때 그 주체는 피해자라는 사실을 우리는 명심해야겠습니다.

용서의 주체인 피해자 입장에서 적어도 세 가지는 반드시 고려해야 합니다. 첫 번째는 피해자가 처해 있는 환경과 상황입니다. 피해자가 가해자를 용서할 수 있을 만큼 마음이 여유로운 상황인가를 먼저 생각해야 합니다. 삶이 팍팍하고 가해자로부터의 피해가 조금도 치유되지 않은 상태에서 용서를 통해 마음의 안정을 찾는 것이 가능할까요? 이러한 상황에서의 용서는 오히려 피해자의 마음을 더욱 다치게 하고 고통을 증가시킬 뿐입니다.

두 번째는 피해자가 용서를 행함으로써 얻게 되는 긍정적 효과에 대한 기대 심리를 충족시킬 수 있는지를 생각해보아야 합니다. 용서는 부정적 감정을 긍정적 감정으로 대체할 수 있도록 해주어야 합니다. 다시 말해 피해자는 용서를 통해 상처 입은 마음을 딛고 일어설 수 있어야 합니다. 그리고 가해자와 개선된 관계로 나아갈 수 있어야 합니다.

마지막으로 가장 중요한 것입니다. 절대로 용서 주체가 바뀌어서는 안 된다는 것입니다. 피해를 입은 대상이 분명한데, 간혹 다른 사람이 나서서 용서를 해주는 경우를 볼 수 있습니다. 피해자의 의지와는 무관하게 일어나는 용서는 피해자를 더욱 큰 절망에 빠뜨리게 됩니다.

대표적인 예로 이청준의 『벌레 이야기』를 원작으로 하는 영화 《밀양》을 꼽고 싶습니다. 《밀양》에서 이신애는 하나뿐인 아들을 무참히 살해한 남자를 용서함으로써 마음의 평안을 얻고자 했습니다. 하루하루가 죽음보다 괴로운 날들이었지만 용서를 통해 그녀는 더 큰 위안을 얻을 수 있으리라 믿었던 것이죠.

하지만 감옥에 있는 살인마와 만났을 때 그녀는 완전한 절망을 경험하고 맙니다. 면회실 유리 너머 그 남자는 '주님께서 용서해주셨다'며 평온한 미소를 짓고 있던 것이죠. 피해자는 신애와 그녀의 아들인데, 용서는 '주님'이 대신 해주었고 오히려 가해자가 마음의 평온을 얻었습니다. 결코 있을 수 없는 아이러니이며,

있어서도 안 되는 일이죠. 용서의 주체는 피해자여야 하고, 용서의 가능성 또한 피해자에서 출발해야 합니다. 그렇지 않으면, 피해자는 용서를 강요당하거나 잊고 싶은 피해의 기억과 고통스럽게 다시 직면할 수밖에 없습니다.

용서는 과거의 피해를 청산하고 화해를 통해 개선된 관계를 정립하는 행위입니다. 용서도 복수처럼 우리에게 본능으로 존재하는지 많은 학자가 궁금해했죠. 학자들은 인간과 닮은 원숭이, 침팬지를 비롯한 동물이 용서 행위를 하는지 면밀히 관찰했습니다. 그렇게 관찰한 것을 토대로 마침내 용서를 하는 정도를 어느 정도 표준화할 수 있게 되었죠. 이를 '화해 성향'CT, Conciliatory Tendency 이라 부릅니다.

화해 성향은 동물 집단에서 분쟁이 일어난 뒤 화해하는 정도를 '0~1'의 기준으로 평가하는 지표입니다. 화해 성향이 '0'에 가까울수록 그 동물 집단은 용서를 꺼립니다. 반대로 '1'에 가까울수록 관계 회복을 위한 행위(예, 스킨십, 털 고르기, 기생충 잡아주기 등)를 더 자주 취하는 집단으로 생각할 수 있습니다. 특히 침팬지는 털 고르기나 기생충 잡아주기를 하며 친밀감을 회복한다고 알려져 있죠.

학자들은 화해 성향이 '0.5'를 넘으면 용서와 화해가 매우 활발하게 일어나는 집단으로 평가합니다. 참고로 고양이는 화해 경향 지수가 거의 '0'에 가깝습니다. 고양이 사전에 화해란 없다고

188

보면 됩니다. 별다른 이유 없이 이른바 '냥 펀치'를 날리고 미안한 기색 따위는 전혀 없죠. 홀로 먹이를 구할 수 있을 정도로 성장하면 가족과도 미련 없이 헤어질 정도로 도도한 동물이 바로 고양이입니다.

그렇다면 우리 인간의 경우는 어떨까요? 아직 용서의 의미를 잘 모르는 미취학 아동을 기준으로 한다면, 우리가 타고난 용서 본능이 얼마나 강한지 알 수 있을 것입니다. 과연 교육을 받지 않은 인간의 본성에는 용서나 화해 성향이 내재되어 있을까요? 그렇다면 어느 정도 수준으로 내재되어 있을까요?

이에 대한 답을 알려드리자면, 미취학 아동의 화해 성향은 침팬지와 거의 비슷합니다. 전 세계 대부분의 국가에서 '0.4' 정도로 보고되고 있죠. 간혹 소수 민족으로 이루어진 문화권에서는 '0.7' 정도의 매우 높은 수준을 보여주는 경우도 있었습니다. 하지만 대개는 '0.5'에 조금 못 미치는 것으로 나타납니다. 이와 같은 사실에 비추어본다면 용서는 인간이 생존하는 데 반드시 필요한 본성은 아닙니다. 용서나 화해를 하지 않아도 충분히 살 수가 있는 것이죠.

어쨌든 인간은 전반적으로 '0.4' 정도의 화해 성향을 선천적으로 가지고 있습니다. 문화권이나 종교적 영향 등으로 인해 화해 성향이 달라질 수도 있다는 추론이 가능하고요. 문명이 고도화될수록 복수는 줄어들 것이고 화해 성향 또한 높아질 수 있다고 믿는 학자도 있습니다.

스티븐 핑커Steven Pinker는 『우리 본성의 선한 천사』The Better Angel of Our Nature에서 인간의 문명이 진보할수록 폭력성은 감소하는 추세를 보인다고 주장합니다. 핑커는 여러 문화권에서 문명의 발달에 따라 폭력성이 감소한다는 유의미한 통계를 제시했죠. 그의 주장에 따르면, 폭력적 복수(여기에는 물리적, 정신적 폭력 모두를 포함한다) 또한 감소한다고 추측할 수 있는 것입니다.

이러한 경향은 지성과 논리로 문제를 해결하려는 의지가 증가했기 때문일 것입니다. 앞으로도 이와 같은 형태로 문명이 발전한다면 화해 성향 또한 자연히 증가할 수 있겠죠. 그런데 아직 복수가 감소하고 화해 성향이 증가할 것이라 확신할 수만은 없는 경우가 하나 있습니다. 그것은 바로 갈등의 원인이 '사랑'일 경우입니다.

질투와 사랑을 먹고 자란 복수심

만약 이성적 인간이 가장 비이성적인 태도로 복수를 감행한다면 그건 아마도(혹은 반드시) 사랑 때문일 것입니다. 그 복수가 질투심에서 비롯된 것이라면 더 말할 것도 없겠죠.

에밀 리트레Emile Littre는 자신의 성을 본 따 집필한 『리트레

사전』Dictionnaire Littre에서 '질투'jalousie를 다음과 같이 정의했습니다. "질투는 사랑에서 시작되는데, 사랑하는 이가 다른 사람을 더 좋아할지도 모른다는 '두려움' 때문에 불러온 감정"이라고.

리트레는 사랑의 불안에서 시작된 질투심의 본질을 두려움으로 정확하게 짚어냈습니다. 질투는 자신의 사랑을 지키지 못하고 결국엔 빼앗길지도 모른다는 극도의 두려움을 불러일으킵니다. 그렇기에 질투심에 눈먼 이들은 자신에게 발생한 상실의 두려움을 해소하기 위해 복수를 감행하는 것입니다.

진화론적 관점에서는 질투를 '성공적인 진화'를 이끄는 '경쟁의 본성'이라고 이야기합니다. 자신을 지금보다 더 나은 존재로 만들어줄 선의의 경쟁을 유발하는 감정이 바로 질투인 것이죠. 질투가 현재의 인간을 끊임없이 진일보한 존재로 나아가도록 만드는 원동력이라고 보는 것입니다. 이처럼 질투는 양면적 성격을 지니기에 '위험한 열정'이라 부를 수 있겠습니다.

한국 누아르 영화의 걸작《달콤한 인생》은 두 남자의 질투심이 촉발한 복수의 연환과 파멸을 그린 작품입니다. 작품 속 선우와 강 사장은 서로 신뢰하던 사이였지만, 강 사장의 어린 애인 희수의 등장으로 말미암아 복수의 소용돌이 속으로 서서히 끌려들어갑니다. 폭력 조직의 두목 강 사장은 행동대장인 선우에게 자신이 해외에 나가있는 동안 희수를 감시할 것을 부탁합니다. 희수가 또래 남자와 바람을 피운다고 의심했기 때문이죠. 선우는 확실한 바람의 증거를 잡으면 두 사람을 모두 죽이라는 강 사장 지시를 받습니다.

희수를 충실히 감시하던 선우는 그녀가 다른 남자와 바람을 피우는 현장을 급습하여 두 사람을 제압합니다. 하지만 희수가 애처롭게 울먹이는 모습을 본 선우는 평소답지 않게 강 사장의 지시를 따르지 않고 두 사람을 놓아주게 되죠. 믿었던 선우의 평소답지 않은 행동은 당연히 강 사장의 심기를 매우 불편하게 만들었습니다. 이제 작품은 선우와 강 사장 둘 중 어느 한쪽이 죽지 않으면 끝나지 않을 복수의 비극으로 급격히 치닫게 됩니다.

선우와 강 사장 사이의 지독한 복수의 굴레는 희수의 등장으로 시작됩니다. 질투심을 연구하는 학자들은 남성의 질투는 대부분 여성을 놓고 나타난다고 말합니다. 최초의 현생 인류가 등장하기 시작한 시점부터 남성은 여성의 성적 배신을 두려워했다고요. 여성의 몸에서 수정과 임신이 이루어지는 특성 때문에 성적 관계와 관련해 남성의 질투심이 강하다는 것입니다.

이에 반해 여성은 남성이 다른 여성과 자녀에게 헌신하는 것을 두려워하는 마음에서 질투심이 자라난다고 주장합니다. 지난 수천 년 동안 인류가 부계 중심 사회를 유지하면서 여성의 생계가 남성에게 달려 있었기 때문이라는 것. 여성은 그러한 오랜 사회 관습에 의해 성적 관계보다는 감정적 관계와 관련하여 질투심이 나타난다는 것이죠.

물론 지금 시대에서는 이러한 관점이 다소 진부해 보일 수 있습니다. 하지만 대부분의 문명이 부계 중심으로 구축됐고, 남성이 가족의 생계를 책임지는 구조를 유지해온 것은 분명합니다. 앞으로 더욱 많이 달라지겠지만 지금 우리 시대는 그 변화의 과도기쯤으로 보는 것이 타당하겠습니다. 시대와 문화가 변하면서 질투의 양상도 당연히 달라지겠죠.

그렇다면 인간처럼 고도의 문화를 지니고 있지 않은 동물은 어떨까요? 조금 더 본능적인 질투에 대해 이야기해볼 수 있을 것 같습니다.

인간이 질투심을 가지는 이유를 다른 동물과 구분하여 보는 시각은 다음과 같습니다. 인간을 제외한 거의 모든 포유류는 발정기에만 암컷의 임신 가능성을 확인하고 교미를 합니다. 그렇기 때문에 특정 시기에만 성교를 하는 경향이 대부분인데, 인간은 그렇지 않죠. 종족 번식과는 관계없이 오직 쾌락을 위해 성관계를 가질 수 있는 것이 우리 인간입니다.

또한 오랜 시간을 들여 감정적으로, 복잡다단한 방식으로 관계 형성에 헌신하는 것도 인간이 거의 유일하죠. 질투는 그렇게 공들여 형성한 관계를 훼손시킬 수 있는 존재에게 즉각적으로 취하게 되는 방어 기제인 것입니다.

다시《달콤한 인생》이야기로 돌아가 보겠습니다. 희수에 대한 질투로 발발한 선우와 강 사장의 핏빛 복수는 마침내 두 사람

그림 8.1과 8.2 마침내 마주한 선우(위)와 강 사장(아래)의 눈빛에는 복수와 질투, 회한이 서려 있다.

을 대면하게 만듭니다. 사실 희수는 작품 초반 이후로는 등장하지 않습니다. 작품 중반부터 두 사람은 복수 그 자체에만 매몰된 모습을 보입니다. 그런 희수를 강 사장이 다시 언급합니다. 선우에게 "그 애(희수) 때문이냐?"라고 물으면서 말이죠.

선우 저한테 왜 그랬어요? 말해봐요. 저한테 왜 그랬어요?

강 사장 넌 나에게 모욕감을 줬어.

선우 아니 그런 것 말고. 진짜 이유를 말해봐요. 말해봐요. 저 진짜 생각 많이
해봤는데, 저 정말 모르겠거든요.

(…)

강 사장 도대체 뭐 때문에 흔들린 거냐. 그 애(희수) 때문이냐?

강 사장과 선우 사이의 균열은 희수에 대한 질투가 만들었다
는 것을 확실히 보여주는 장면입니다. 강 사장의 복수는 연인에
대한 질투심과 더불어 신뢰하던 대상에 대한 상실감과 박탈감 등
이 결합되어 나타난 것입니다. 선우의 복수는 자신이 가지지 못
할 여인을 가진 이에 대한 반발, 그리고 자신을 죽이려 한 강 사
장의 배신에 대한 것이죠. 두 사람은 동등한 이유로 복수를 감행
했던 것입니다. 반드시 한 사람이 죽어야만 끝날 복수를….

그나마 다행인 것은 복수의 대상이 전도되지 않았다는 것입
니다. 질투심으로 인해 복수가 행해질 경우 복수 대상이 전도되
는 일이 심심찮게 일어납니다. 《달콤한 인생》에서는 희수가 그
피해 대상이 될 확률이 상당히 높았지만, 그런 일은 일어나지 않
았습니다. 두 사람은 자신들이 가진 복수심을 서로에게만 정조준

했던 것입니다.

내가 아니면, 그 누구도 가질 수 없도록

어떤 미국인 청년은 자신의 연인을 온전히 자신만이 소유할 수 없다면 그 누구도 그녀를 소유하지 못하게 만들고 싶다고 고백했습니다. 심지어 그는 그녀의 예쁜 얼굴에 총을 쏴 망가뜨리고 싶은 충동이 일어날 정도라고 했죠.

질투심으로 생겨난 복수의 경우 종종 복수를 할 대상이 전도되는 경우가 있습니다. 이러한 경우는 십중팔구, 질투심을 일으키는 복수 대상이 자신보다 뛰어난 사람일 경우입니다. 복수심에 불타는 이는 자신과 연인의 관계를 훼손할지도 모르는 그 대상을 제거할 만한 능력이 없어 무력감과 열등감을 느끼게 됩니다.

그런데 엉뚱하게도 자신의 연인이 질투의 원인이라 믿고 복수의 화살을 연인에게 돌리는 경우가 있습니다. 이를 '연인 살해 환상'이라 부릅니다. 열등감과 무력감이 버무려져 나타나는, 그야말로 가장 비겁한 형태의 질투와 복수심인 겁니다.

우리는 사랑의 관계에서 미칠 듯이 끓어오르는 질투와 복수심의 원천이 어디인지 분명히 볼 수 있어야 합니다. 사랑의 철학자 바르트는 질투의 화염에 스스로를 연소시켜 파멸하고 마는 이들에게 다음과 같이 일침을 가했습니다.

"질투하는 사람으로서의 나는 네 번 괴로워하는 셈이다. 질투하기
때문에 괴로워하며, 질투한다는 사실에 대해 자신을 비난하기 때문
에 괴로워하며, 내 질투가 그 사람을 아프게 할까봐 괴로워하며, 통
속적인 것의 노예가 된 자신에 대해 괴로워한다. 나는 **자신이 배타적
인, 공격적인, 미치광이 같은, 상투적인 사람이라는 데 대해 괴로워하는
것이다.**"[30]

바르트는 질투의 근원은 질투에 휩싸인 당사자인 자신이며,
그 모든 괴로움 또한 스스로에게서 나온다고 말한 것입니다. 애
꿎은 연인을 질투의 근원으로 여겨서는 안 되는 것이죠. 만약 질
투로 말미암아 연인을 의심하고 불안해하면 정말로 연인을 살해
해버릴지도 모릅니다.

윌리엄 셰익스피어William Shakespeare 는 질투에 사로잡힌 이들
을 '초록 눈의 괴물'Green Eyed Monster 이라고, 그의 위대한 비극『오
셀로』Othello 에서 명명했습니다.

질투에 사로잡힌 오셀로는 눈이 녹색으로 변한 괴물과 같다
고 표현하는 장면에서 '초록 눈의 괴물'이란 표현이 유래했죠. 초
록 눈의 괴물이라는 표현은 현시대에도 질투를 이야기할 때 꾸
준히 언급되고 있습니다. 이 표현이 등장한『오셀로』라는 작품명

그림 8.3 셰익스피어는 오셀로의 질투심을 '초록 눈의 괴물'에 비유했다. 이후 서구 문화권에서는 으레 질투가 심한 사람을 초록 눈의 괴물이라 부른다.

©shutterstock

자체가 극단적 질투를 표현하는 용어가 되기도 했고요.

'오셀로 증후군'Othello Syndrome은 셰익스피어의 『오셀로』에서 기원한 용어입니다. 오셀로 증후군은 명확한 증거 없이 심증만으로 연인을 의심하고, 나아가 자신이 불륜의 피해자라 여기는 증상을 말합니다. 오셀로 증후군을 보이는 이들은 작품 속 오셀로만큼이나 극단적 질투를 보일 뿐만 아니라, 과대망상에 시달리기까지 합니다. 그들은 연인을 속박하는 것을 넘어 물리·정신적으로 학대하죠. 다음은 오셀로 증후군에 걸린 사람에게서 나타나는 극단적 질투의 전략을 3가지로 요약한 것입니다.

첫 번째는 '은닉 전략'입니다. 연인을 철저하게 자기의 테두리 안에 가두고 다른 사람들이 그를 보지 못하게 만드는 전략이죠. 친구와의 사소한 만남도 허용하지 않을뿐더러 가족과의 만남도 금지시킵니다. 오직 자신만이 연인과 접촉할 수 있습니다. 연인에게는 그야말로 창살 없는 감옥이 따로 없죠. 그렇게 감금당한 연인은 사람을 그리워하고 정서적으로 야위어갈 수밖에 없습니다.

두 번째 전략은 '경계 전략'입니다. 연인의 일거수일투족을 보고받는 전략입니다. 무엇을 먹는지, 어디를 가는지, 누구를 만나는지 등 연인의 모든 행동과 언행, 그야말로 연인의 실존 전부를 보고받으려는 태도입니다. 연인과 연인의 주변 상황 모두를 자신이 완벽하게 통제함으로써 만족감과 쾌감을 얻고자 하는 것이죠.

세 번째 전략은 '자존심 손상 전략'입니다. 연인에게 수시로 폭행과 욕설을 가함으로써 연인의 자존감을 극단적으로 하락시키는 전략이죠. 세상에서 가장 못나고 귀하지 못한 존재라는 인식을 연인에게 각인시키는 것입니다. 자존심 손상 전략에 갇힌 연인은 어느 누구를 만나더라도 고개를 푹 숙인 채 뒷걸음치고 말 것입니다. 말 한마디도 제대로 하지 못하게 되죠. 아주 못났다고 세뇌되었기 때문에 그 어떤 누구를 만나서도 정상적인 모습을 보여줄 수 없게 됩니다.

현명한 질투와 사랑의 방법

극단적인 질투는 스스로를 가장 끔찍한 괴물로 만들고 연인을 침
묵하게 만든다고 바르트는 말합니다.

> "**그 사람은 침묵으로 일그러져 있다.** 마치 사랑하는 사람의 얼굴 아
> 랫부분이 완전히 지워져 입이 없이 나타나는 그런 악몽에서처럼. 말
> 하는 나, 나 또한 얼굴이 일그러져 있다. **독백은 나를 괴물로, 하나의**
> **거대한 혀로 만든다.**"[31]

　　자신과 상대 모두를 병들게 하는 극단적 질투와 그로 인해
어긋난 복수는 그들 모두를 일그러뜨리고 맙니다. 연인을 파멸로
이끄는 질투는 없어져야 마땅하지 않을까요?
　　미국 남녀 150쌍에게 질투와 관련한 설문을 실시한 사례가
있습니다. 그 설문 조사 결과 전체 참여 인원의 38퍼센트가 애인
의 헌신을 강화시키기 위해 질투를 유발한다고 응답했습니다. 이
결과를 들여다보면 질투는 사실 서로를 더 사랑해달라는 신호였
습니다. 질투가 이처럼 서로의 새로운 모습이나 사랑의 열정을
확인하는 방법으로 쓰이기도 하는 것입니다.
　　따라서 우리는 '현명한 질투'를 할 수 있어야 하겠습니다. 연
인을 억압함으로써 질투를 없애는 것이 아닌, 서로의 발전을 자

극할 수 있는 질투를 해야 합니다. 질투가 복수의 도화선이 되는 일은 매우 위험하다는 것을 알아야 합니다. 과도한 질투는 연인에 대한 의심만 증폭시킬 뿐입니다. 무엇보다 폭력 성향이 드러나는 형태로 질투가 격화되면 모두를 파괴할 뿐이라는 사실을 우리는 언제나 명심해야 합니다.

복수는 생각보다 녹록지 않은 일이었다. 상대가 나보다 레벨이 높고 강할 경우도 있고, 빼앗기는 입장에서 성급하게 분노하면 자제력을 잃어버리기 때문에 실패하기도 했다.

복수는 상당히 피곤한 일이었다. 그래서 생각을 바꾸기로 했다. 애초에 복수할 일이 일어나지 못하게, 최고가 돼야겠다고. 그 누구도 나를 건드리지 못할 정도가 되면, 복수할 일도 없을 테니까. 나의 '복수 예방 전략'은 엄청난 열정이 됐고, 결국 그 게임에서 랭킹 1위를 차지하도록 만들었다.

요즘도 사람들과 부딪히면 복수를 떠올린다. 다만, 복수심을 불태우는 것 외에 하나의 관점을 더 생각해본다. 지금보다 실력을 키우고 더 나은 존재가 돼서 부딪힐 일 자체를 최소화하자고. 어찌 보면 복수심이 나를 성장시키는 원동력이 될 때도 있다는 것은 부정할 수 없는 사실이다.

— 본문에서 다룬 작품
《달콤한 인생》(2005), 《밀양》(2007)

— 함께 보면 좋을 작품
《프레스티지》(2006), 《질투는 나의 힘》(2002),
《악마를 보았다》(2010)

9장

어두운 인격은
감춰야만 할까

나라는 여러 조각들

대학교에 다닐 때 셰익스피어 전공을 가르쳤던 교수님은 연말이면
꼭 수강생들로 하여금 직접 셰익스피어 연극을 하도록 했었다. Z는
그 연말 공연의 배우 중 하나였다. Z는 평소에 말수도 적었고 강의
만 조용히 듣는 그런 사람이었다. 그런 Z가 맡은 배역은 『한여름 밤
의 꿈』에 등장하는 요정의 왕 오베론이었다. 극 중 가장 외향적이고
활달한 역할의 오베론을 Z가 한다고?

반신반의하던 나는 공연 당일 암막 속에서 등장한 Z를 보며 떨어진
턱을 받쳐 올리기 바빴다. Z는 내가 본 가장 매력적이고 시크한 오
베론이 되어 있었다.

내 속엔 내가 너무도 많아서

2015년에 방영된《킬미, 힐미》는 '시청자가 뽑은 올해의 드라마'
로 선정됐을 만큼 시청자들에게 강렬한 인상을 남겼습니다. 무엇
보다 전에 없던 독특한 콘셉트로 화제가 됐는데요. 남자 주인공
인 차도현이 무려 일곱 개나 되는 인격을 가진 인물이었기 때문
입니다.

이 드라마는 '다중 인격 장애'Multiful Personality Disorder를 시청자
에게 확실하게 각인시킨 작품이었죠. 차도현의 다른 인격이 나타
날 때 벌어지는 예측할 수 없는 일들이 때론 코믹하게, 때론 황당
하게 그려졌습니다. 실제로 내 주위에 다중 인격 장애를 가진 이
가 있다면 결코 웃을 일이 아니겠지만요.

다중 인격 장애는 '해리성 정체성 장애'Dissociative Identity
Disorder라 불리기도 하는데, 우리는 용어 통일을 위해 다중 인격
장애로 통칭하도록 하겠습니다. 다중 인격 장애의 가장 큰 증상
으로는 자신의 마음과 신체가 분리되는 경험을 겪는 '이인성/비

현실감 장애', 그리고 자신의 중추적 정보를 기억하지 못하게 되는 '해리성 기억 상실'이 대표적입니다.

그런데 이들이 해리성 기억 상실을 경험할 때 잊은 줄 알았던 정보를 또 다른 인격은 기억할 수도 있습니다. 즉 기억이 삭제되는 것이 아니라는 것. 그야말로 두 개 이상의 인격이 하나의 신체와 능력을 번갈아 사용하고 있는 것입니다. 그렇기에 다중 인격 장애를 판명할 때는 주인격 외에 또 다른 인격이 존재하는지 여부를 봅니다.

다중 인격 장애는 각각의 인격들이 서로 다른 정체성을 갖도록 합니다. 인격이 바뀔 때마다 정체성이 바뀔 정도의 방대한 개별 기억을 갖게 되는 것이죠. 각각의 인격은 자신이 신체를 지배할 때의 기억만을 인지하는 것이 일반적입니다. 하나의 인격이 활동할 때면 다른 인격은 잠을 자고 있다고 표현할 수 있겠습니다. 잠을 자는 동안에 일어나는 일들은 전혀 기억하지 못하니까요. 그렇기 때문에 종교적 신념, 감정 상태, 라이프 스타일뿐 아니라 심지어 성별과 질병에 이르기까지 인격들 사이에 현격한 차이를 보이는 것이 다중 인격 장애입니다.

오랜 과거에서부터 우리 인간은 이렇게 믿어왔습니다. 일반적으로 한 사람에게는 하나의 인격만이 존재하며, 인격이란 것은 그 사람이 타고난 혹은 평생을 형성해온 고유의 정체성으로 구성된다고. 따라서 과거는 물론 현시대에도 초자연적 힘을 믿는 사람이나 특정 문화권에서는 다중 인격 장애를 빙의의 일종으로 보기도 합니다.

그러나 미국정신의학회에서는 다중 인격 장애를 주요한 정신 장애의 하나로 분류하고 심도 높은 연구와 치유가 필요한 것으로 보고 있습니다. 다음은 미국정신의학회에서 발간하는 『정신 질환의 진단 및 통계 편람 제5판』에서 다중 인격 장애를 정의한 부분 중 일부를 발췌한 것입니다.

> **"둘 또는 그 이상의 별개의 성격 상태로 특정되는 정체성 붕괴**로, 어떤 문화권에서는 빙의 경험으로 설명된다. 정체성 붕괴는 자기감각과 행위 **주체감에 현저한 비연속성**을 포함하는데, 관련된 변화가 정동, 행동, 의식 기억, 지각, 인지, 그리고/또는 **감각-운동 기능에 동반**된다."32

강조한 부분들을 중심으로 보면 다중 인격 장애에서만 보이는 독특한 증상들을 알 수 있습니다. 다중 인격 장애는 통일된 마음으로써 오롯해야 할 개인의 정체성이 두 갈래 혹은 그 이상으로 붕괴됩니다.

앞서 언급했다시피 다중 인격 장애는 하나의 신체에 여러 조각의 정체성들이 각기 활동합니다. 심지어 이 조각들은 서로 정보를 공유하지 않는 경우가 일반적이라 기억과 정체감이 연속되지 않습니다. 이 비연속성은 인격들이 함께 사용하고 있는 신체를 완전히 다른 방식으로 인지할 때 더욱 심각해지는 경향을 보입니다.

다중 인격이 나타나는 이유에 대하여

다중 인격 장애자의 경우 각각의 인격별로 다르게 신체를 인지하는 특징도 보입니다. 제가 다중 인격 장애를 가졌다고 가정해보겠습니다. 저의 주인격이 등장했을 때 저는 키 179센티미터에 몸무게 75킬로그램의 성인 남자입니다. 그런데 다른 인격은 지금의 신체를 키 140센티미터에 몸무게 30킬로그램인 10세의 어린이로 여길 수도 있습니다. 말도 안 되는 소리 같겠지만 실제로 다중 인격 장애를 앓는 이들에게서 흔히 나타나는 증상입니다.

인격별로 성별이나 나이, 교육 수준, 종교적 신념 등 광범위한 차이가 나타나기도 합니다. 심지어 인격별로 질병까지 다르게 앓는 경우도 있습니다. 앞서 제시한 예처럼 신체를 다르게 인지하기 때문에 질병의 양태도 다르게 나타나는 것이죠. 다중 인격 장애를 연구한 자료들에는 두통이나 위장통, 심혈관 이상, 비뇨기계 이상 등 다양한 신체적 징후 및 통증이 환자에게 '비정형적'으로 나타난다고 되어 있습니다. 단순히 인격별 신체를 인지하는 것이 달라지는 게 아닌, 다르게 인지된 신체에 따라 다른 질병이 비정형적으로 나타난다는 것이죠.

이러한 특징 때문에 다중 인격은 신체에 동반되는 질병으로는 특정하기가 힘든 것이 현실입니다. MRI나 fMRI, CT 등을 활용하여 뇌를 촬영해도 별다른 특징이 나타나지 않습니다. 사실상 물리적 특성으로의 진단은 거의 불가능하죠. 그렇기 때문에 보통은 정신과 의사나 심리학자에 의한 상담과 관찰, 연구 등을 통해 확진하는 수순을 밟게 됩니다. 다중 인격 장애는 전적으로 정신의학 전문가들의 인위적 판단에 의거해 장애를 확정할 수밖에 없는 한계가 있다는 것 또한 알아야겠습니다.

다만 확진된 다중 인격 장애자들을 통해 원인을 역추적해보는 것은 가능합니다. 이들 중 90퍼센트 이상이 아동 학대 피해를 당한 것으로 보고되거든요. 인간이 정신적으로 가장 취약한 시기는 신체의 급격한 변화가 일어나는 아동기입니다. 이때는 신체도 빠르게 자라고 아이가 자신을 둘러싼 주변 환경에 대한 정보를 다량으로 받아들이는 시기입니다.

개인이 가진 마음의 구조가 대략적으로 큰 틀을 잡고 형성되는 시기이자 가파르게 의식이 자라는 시기죠. 이러한 시기에 학대가 일어난다면? 너무도 당연하겠지만 정상적으로 마음이 구성되기를 기대할 수 없게 됩니다.

청소년기 역시 매우 중요한 시기입니다. 2차 성징이 일어나 신체가 급격한 변화를 겪는 시기의 청소년은 자신의 달라진 신체에 놀라게 됩니다. 성인이 된다는 사실에 의식적으로도 큰 변화를 겪게 되죠. 이 시기에 신체 이형 장애를 비롯한 정신분열증, 망상 장애 등의 유병률이 높은 것도 바로 이런 이유 때문입니다. 이처럼 인간의 신체와 마음이 급격한 변화를 겪는 시기는 인간의 심신 모두가 매우 취약한 상태입니다. 그러므로 아동기와 청소년기에는 더욱 각별히 유의할 필요가 있습니다. 그렇기에 한 사람의 인격을 쪼개놓을 만큼의 정신 및 신체적 폭력은 절대로 일어나서는 안 됩니다.

프로이트의 '억압 이론'으로 다중 인격 장애를 설명할 수도 있습니다. 프로이트는 다시는 떠올리고 싶지 않은 기억과 상흔을 무의식의 영역으로 밀어넣어 잊게 만드는 것이 '억압'이라 했는데요. 그는 억압이 자아가 상처 입는 것을 두려워해 스스로를 보호하고자 하는 '나르시시즘'narcissism에서 기인한다고 주장했습니다. 이 나르시시즘에서 기인한 억압이 일어날 때 마음의 공백이 생깁니다.

즉 다중 인격 장애는 주인격이 기억하기를 거부한 정보를 무의식 저편으로 넘겨버리고 그 공백을 메우기 위해 새로운 인격을 탄생시키는 것으로 볼 수 있습니다. 두렵고 무서운 기억이 없어진 빈자리에 전혀 다른 성격의 인격을 생성하는 일종의 방어기제인 것이죠.

여기서 문제는 그렇게 생성된 새로운 인격을 주인격이 통제하지 못한다는 것입니다. 새로운 인격은 그야말로 갑작스럽게 생겨났으니 제멋대로이거나 원치 않은 특정한 성향만을 가질 가능성이 크죠. 심지어 주인격은 그것을 알아차리지 못합니다.

> "이러한 징후와 증상들은 **다른 사람들의 관찰**이나 개인의 보고에 의해 알 수 있다. (…) 증상은 물질의 생리적 효과(예, 알코올 중독 상태에서의 일시적 기억 상실 또는 혼돈된 행동)나 다른 의학적 상태(예, 복합 부분 발작)로 인한 것이 아니다."[33]

『정신 질환의 진단 및 통계 편람 제5판』에 명시된 바에 따르면, 다중 인격 장애는 보통 다른 사람들의 관찰에 의해 발견되거나 보고됩니다. 때로 '개인의 보고'에 의해 알려지기도 합니다. 그러나 이때도 대부분 다른 사람이 자신에 대해 알려준 것을 스스로 신고하는 경우죠.

앞서 언급했다시피 다중 인격 장애는 자신의 정보와 기억에 단절이 일어나는 비연속성 때문에 본인의 인격이 분열되고 있다는 것을 알아차리지 못하는 경우가 많습니다. 대부분의 경우 단기 기억 상실증이나 몽유병, 알코올성 치매 등으로 생각하지 다중 인격 장애라고는 상상조차 하지 못하는 것입니다.

지킬과 하이드 신드롬

다중 인격 장애를 주제로 강의를 하다 보면 대학생들이 가장 많이 질문하는 부분이 바로 술에 관련한 것입니다. "만취하면 완전 다른 사람이 된다는데, 저도 다중 인격 장애인가요?", "술 마시고 필름 끊기면, 저는 완전 개가 된다던데요…", "술 먹고 기억이 나질 않는데, 아주 많은 일을 저질렀대요. 어쩌죠?" 등 유쾌한 사례가 차고 넘칩니다.

하지만 술로 인한 이런 일들은 다중 인격 장애가 아니니 안심(?)해도 좋습니다. 약물이나 의학적 요인에 의한 증상은 다중 인격 장애로 보지 않기 때문이죠. 술이나 약물 등에 의해 다른 성향이 나타나는 경우는 '지킬과 하이드 신드롬'Jekyll & Hyde Syndrome이라 부릅니다. 그러므로 술에 의한 성격 변화는 다중 인격 장애가 아닌 지킬과 하이드 신드롬으로 설명하는 편이 더욱 적합합니다.

로버트 스티븐슨Robert Stevenson의 그 유명한 『지킬 박사와 하이드 씨』The Strange Case of Dr. Jekyll and Mr. Hyde에서 지킬 박사는 특수한 약을 만들고 본인을 대상으로 실험을 합니다. 자신의 악한 성향을 하이드 씨로 분리해내기 위해 말이죠.

"사실 내가 가진 가장 큰 단점은 향락에 대한 욕망을 스스로 억제할 수 없다는 점이었다. (…) 나는 나의 쾌락을 감추기 시작했으며, (…) 내가 가진 사회적 지위를 주위 사람과 하나둘 비교하기 시작했을 때에는 이미 이중생활의 늪에 빠진 뒤였다. (…) 선과 악을 각기 다른 육체에 머물도록 할 수 있다면 내 인생은 모든 고뇌에서 해방될 것이라 생각했다. 악한 성격은 그것의 쌍둥이 형제인 바른 성격, 즉 이상이나 뉘우침에 방해받지 않고 원하는 대로 행동할 수 있을 것이다. 그리고 바른 성격은 착한 일에서 기쁨과 즐거움을 찾아내고, 더 이상 관계랄 것도 없는 악의 손길에 의해 치욕이나 후회에 사로잡히는 일도 없으니 굳건하게 마음 놓고 선을 향상시키는 길만을 걷게 될 것이다.”[34]

인간 본연의 악을 없애겠다는 각오를 한 지킬 박사는 인위적으로 제조한 약물로 인격을 분리하는 방식을 사용합니다. 그는 수차례에 걸친 실험 끝에 선한 인격과 악한 인격을 분리하는 데 성공합니다.

그런데 하이드 씨로 분리된 악한 인격은 통제 불능한 인격으로서 폭행과 살인을 저지르고 말죠. 결국 지킬 박사는 통제되지 않는 악을 잠재우기 위해 자살을 택하고 맙니다. 약물로 인격을 분리하는 것은 여전히 불가능하죠. 하지만 이 흥미로운 설정은 다중 인격에 대한 새로운 관점을 제시했다는 데 큰 의의가 있습니다. 지킬과 하이드 신드롬은 이 작품에서 착안하여 약물에 의한 성격 변화 또한 그 범주에 포함시킨 것입니다.

　이와는 달리 다중 인격 장애는 원치 않은 상황과 본인도 인지하지 못하는 상태에서 새로운 인격이 등장해버리는 증상입니다. 지킬과 하이드 신드롬처럼 확고한 목적과 약물 활용 등의 결과로 나타나는 것이 아니죠. 지금부터는 실존 인물을 통해 다중 인격 장애에 대해 좀 더 살펴보겠습니다. 그는 다중 인격 장애자 중 가장 유명한 인물이자 각종 영화 및 드라마에 모티브를 제공한 사람입니다.

24개로 조각나버린 인격

1977년 미국 오하이오주립대학교 근교에서 세 건의 성폭행 사건이 발생했습니다. 유사한 방식의 성폭행이 연속해서 발생하자 주민들은 밝혀지지 않은 그 범죄자를 '대학가 성폭행범'이라 부르며 두려움에 떨었죠. 경찰은 피해 여성들의 진술을 참고해 범인의 몽타주를 만들었고, 마침내 범죄자를 특정할 수 있었습니다.

　그는 22세의 청년 윌리엄 밀리건William Milligan이었습니다. 피해 여성들은 피해 사실을 발설할 경우 그녀들을 비롯한 가족을 죽이겠다는 협박을 당했다고 진술했습니다. 그는 자신이 테러리스트나 게릴라 특수대원, 혹은 마피아라 했다죠. 사실이라면 매

그림 9.1 24개의 인격을 가졌던 윌리엄 밀리건(맨 오른쪽). ©연합뉴스

우 위험한 인물입니다. 심지어 피해 여성들은 그가 총까지 쐈다
고 말했습니다.

담당 경찰들은 매우 심각한 사안임을 직감하고 특수기동
대SWAT와 협동 작전을 펼쳐 밀리건의 집을 급습했습니다. 그러
고는 영문을 알 수 없다는 듯 그들을 멍하니 쳐다보는 청년을 체
포했습니다. 그의 집에 놓여 있는 그림에서 밀리건Milligan이란 서
명을 확인했다고 합니다. 대학가를 공포에 떨게 한 성폭행범이
마침내 검거된 것입니다.

그런데 그는 연신 자신이 밀리건이 아니라며 오히려 자신으
로 인해 누군가가 해를 입지 않았다면 좋겠다는 말을 했습니다.

후에 밝혀진 사실인데, 여성들을 성폭행할 때 밀리건은 다른 인격의 지배를 받고 있었습니다.

바로 이 사람이 역사상 가장 유명한 다중 인격 장애로 알려진 윌리엄 밀리건입니다. 그는 사실 빌리Billy라는 이름으로 더욱 유명합니다. 그 이유는 스스로 빌리라 불리길 원했고 그를 세상에 알리게 된 작품 제목에도 빌리가 나오기 때문이죠. 그는 무려 24개의 인격을 가진 인물이었고, 대니얼 키스Daniel Keyes의 『빌리 밀리건』The Minds of Billy Milligan을 통해 세상에 알려졌습니다. 이 작품은 밀리건의 삶을 그린 논픽션 소설입니다. 그는 미국 범죄자 최초로 다중 인격 장애 확진을 근거로 무죄 판결을 받은 인물이기도 하죠.

키스는 밀리건과 나눈 대담과 편지, 그리고 그의 주변인들에 대한 인터뷰, 각종 기사 등을 토대로 『빌리 밀리건』을 집필했습니다. 이 책은 철저하게 조사한 사실적 자료와 키스의 소설가로서의 창작 능력이 잘 융합된 작품입니다. 다중 인격 장애라는 다소 생소할 수 있는, 혹은 오해의 소지가 많은 정신 질환에 대해 독자들이 흥미롭게 접근하도록 해주었죠. 『빌리 밀리건』에서 묘사하는 24개의 인격들이 가진 독특한 개성과 그들 사이에서 일어나는 의식의 전환, 권력 관계 등은 아주 생경한 것이었죠.

여기서 밀리건이 지닌 24개의 인격을 모두 소개하기는 어렵고, 그중 몇 개만 소개해보도록 하겠습니다. 밀리건이 지닌 각양

각색의 인격을 통해 다중 인격 장애가 얼마나 독특한 정신 질환인지를 보시죠.

먼저, 앨런Allen이라는 18세 남자 인격은 유일한 흡연자이고, 오른손잡이이며, 그림을 잘 그립니다. 애이들라나Adalana라는 19세 여자 인격은 레즈비언에 '안진증'眼震症, nystagmus을 앓고 있습니다. 토미Tommy는 16세이며 색소폰을 제법 능숙하게 연주할 수 있죠. 3세의 크리스틴Christene과 4세의 숀Shawn, 8세의 데이비드David처럼 아주 어린 인격들도 있습니다. 이 가운데 지체 장애를 앓는 숀이 등장하면 밀리건의 행동은 매우 부자연스러운 상태가 됩니다. 이처럼 24개의 인격은 저마다의 특성을 지니고 있는데, 그들 중에서 가장 중요한 인격을 꼽는다면 선생The Teacher과 아서Arthur, 레이건 바다스코비니치Ragen Vadascovinich입니다.

선생은 키스가 밀리건을 인터뷰할 당시 등장한, 모든 인격의 기억을 통합한 인격이죠. 앞서 언급했듯 다중 인격 장애자는 기억과 주체성이 비연속적이기에 인격들은 자신이 활동할 때만 기억하는 것이 일반적입니다. 그런데 선생은 다른 23개 인격들의 기억을 모두 가지고 있었습니다. 키스는 선생이 없었다면 『빌리 밀리건』 집필이 불가능했을 것이라고 밝히기도 했죠.

아서와 레이건은 선생이 등장하기 전까지 다른 인격들을 통제하고 관리하는 역할을 했습니다. 아서는 냉정하고 합리적인 성격을 가졌습니다. 다른 인격들이 말썽을 피우면 머릿속 독방에 가두고 의식을 차지하지 못하는 형벌을 주는 등의 억압을 했다고 합니다. 또한 그는 어떤 인격이 밀리건의 의식을 지배할지를 결정(그들은 의자에 앉는다는 표현을 썼습니다)하는 등 실질적으로 인격들을 통솔했다고 볼 수 있습니다. 아서가 의식을 지배할 때면 능숙하게 아랍어를 구사했으며 물리학과 화학, 의학 등 이학 분야에서 전문가 수준의 지식을 선보였습니다.

레이건은 슬라브 억양이 강한 영어를 구사했으며 주로 밀리건이 위험한 상황일 때 신체를 보호하는 역할을 수행했습니다. 레이건이 의식을 지배할 때면 밀리건은 가라테의 고수가 됐으며 무기와 탄약 또한 수준급으로 다룰 수 있었죠. 특히 그는 아드레날린 분비와 흐름을 자유자재로 조절할 수 있었기에, 평소보다 훨씬 강한 힘을 낼 수 있는 능력을 가졌던 것으로 보고됩니다.

레이건처럼 자신의 체내에 흐르는 물질마저도 통제가 가능할 수 있다는 사실은 다중 인격 장애의 가장 독특한 특징 중 하나입니다. 앞서 언급했다시피 다중 인격 장애의 정체성 붕괴 현상은 기억에만 국한되는 것이 아닙니다. 감각-운동 기능까지도 비연속적으로 달라집니다. 이러한 신체 능력 조절에 대한 다중 인격 장애의 특성은 밀리건을 모티브로 만든 영화《23 아이덴티티》Split에서 카렌 박사Dr. Karen의 입을 통해 서술됩니다.

그림 9.2 온라인 학회에서 다중 인격 장애의 특성을 설명하고 있는 카렌 박사의 모습.
《23 아이덴티티》중에서.

카렌 박사 해리성 정체성 장애의 인격들 중 단 하나의 인격만 콜레스테롤 수치가 높을 수 있어요. 그 하나의 인격만. 인격들 중 하나의 인격에만 벌침 알레르기가 있는 경우도 있었어요. (…) 인격들끼리 IQ도 다르고, 체력도 달라요. (…) 그들의 초인적인 집중력과 다양한 경험은 놀라울 따름이죠.

다중 인격 장애는 초인적 집중력을 비롯한 신체적 능력, IQ 등에 이르기까지 능력 향상을 가능하게 합니다. 그러나 인격이 달라짐에 따라 없던 알레르기나 질병이 생기는 것은 치명적인 단점이 될 수도 있죠. 그리고 무엇보다도 이와 같은 인격의 전환을 자유자재로 할 수 없기 때문에 우리는 다중 인격이 나타나는 증상을 '장애'라고 부르는 것입니다. 그러므로 다중 인격 장애는 적절한 진단과 상담을 통해 치료를 요구하는 정신 질환일 수밖에 없습니다.

내 안의 빛과 그림자

안타깝게도 현재까지 다중 인격 장애를 약물이나 수술 등으로 치료할 수 있는 방법은 없습니다. 다만, 항우울제나 항불안제를 통해 인격이 전환될지 모른다는 불안에 빠진 환자를 심적으로 진정시키는 것은 가능하죠. 그러나 이것 역시 일시적인 방법에 불과하기에 다른 방법이 필요합니다. 그 방법은 바로 '정체성 통합'이라는 상담 치료입니다.

환자로 하여금 자신의 트라우마를 마주하도록 하는 게 기본입니다. 다중 인격 장애 환자의 거의 대부분은 소아 학대나 성폭행 같은 강한 트라우마를 지니고 있습니다. 그 고통스러운 기억으로부터 자아를 보호하기 위해 원래 성향과는 전혀 다른 인격을 만들어내는 것이죠. 억눌러온 트라우마를 점진적으로 받아들이고 이겨낼 수 있는 상담이 이루어져야 합니다.

그렇게 새로 나타난 인격 성향을 주인격이 조금씩 배우고 흡수할 수 있도록 만드는 것입니다. 이 과정을 통해 대체 인격이 나타나는 빈도를 줄이고 궁극적으로 대체 인격이 사라지도록 만들어야 합니다. 서로 다른 인격을 하나로 통합시켜 새로운 인격으

220

로 거듭나게 하는 것이죠.

로버트 존슨Robert Johnson은 『당신의 그림자가 울고 있다』Owning Your Own Shadow에서 우리의 자아를 '빛과 그림자'에 비유했습니다.

"자아는 진짜 본연의 자기가 아니라 의식적으로 생각하는 자신이 자, 자기가 누구라고 인식하는 자신이다. 이에 반해 그림자는 우리 자신의 일부분이지만 우리가 보려 하지 않거나 이해하는 데 실패한 부분이다. (…) 그림자는 **우리의 의식으로 적절하게 통합되지 않은 부분이며 우리가 멸시하는 부분**이다. 때로는 그림자가 자아와 같은 정도로 엄청난 에너지를 지닐 수도 있다. 그림자가 자아보다 더 많은 에너지를 집적하는 경우에는 분노로 작열하거나, 한동안 우리를 헤매게 하거나, 무분별하게 만든다."[35]

우리는 스스로를 평가하고 반성할 수 있는 인간이기에 자신의 좋은 모습과 좋지 못한 모습을 구분할 수 있습니다. 그리고 보다 좋은 쪽으로 자신을 개선해나가기 위해 그에 부합하지 않는 모습을 억제할 수도 있죠. 그런데 간혹 그 태도가 너무 극단적으로 나타나게 될 경우 문제가 됩니다. 존슨의 말처럼 너무 강하게 억제하다 보면 걷잡을 수 없는 부정적 에너지로 폭발하게 되는 것이죠.

다중 인격 장애자가 지닌 대체 인격은 주인격과는 정반대의 성향을 지닌 것으로 많이 보고됩니다. 이 점을 앞서 언급했던 프로이트의 억압 이론과 연관 지어 생각해볼 수 있겠네요. 원치 않는 기억 혹은 자아를 억압할 경우 공통적으로 새로운 대체 인격이 나타난다는 것입니다. 그렇게 등장한 새로운 인격은 주인격이 원치 않는 기억과 면모를 지닌 인격이죠. 따라서 주인격이 새로운 인격을 받아들이고 화해·흡수하는 일은 고통스러운 작업일 수밖에 없습니다. 새로운 인격은 분명 본인이 원하지 않는 기억과 성향이니까 말이죠. 그렇게 멸시당하는 인격은 감추고 밀어내려하면 할수록 더욱 강하게 반발하며, 원래의 인격을 공격할지도 모릅니다.

정신분석학이든 심리학이든 인간 내면의 성향을 나타내는 중요한 매개체는 '거울'입니다. 거울은 가만히 생각해보면 참으로 신비한 사물이죠. 거울 속에 비친 나는 나를 닮았지만 나와는 정반대의 존재거든요.

거울 속 나에게 오른손을 내밀면 나와 똑같이 생긴 거울 속 나는 왼손을 내밉니다. 그렇기에 영영 악수를 통한 화해는 불가능할 것만 같습니다. 그러나 그와 손바닥을 마주대고 바라보는 것은 언제나 가능하죠. 내 안에 있는 정반대의 나를 그렇게 마주하고 안아줄 수 있는 자세를 갖춰야합니다.

존슨은 원치 않는 모습을 악으로만 치부하여 억압해서는 안 된다고 말합니다. 진정한 진리는 선이 악을 이기는 것이 아니라 선과 악이 하나가 되는 것입니다. 고통을 감내하고서라도 자신이 밀어내고자 했던 면을 흡수해야 하죠. 스스로의 모습이 개탄스러 워도 자신을 진정으로 안아줄 수 있는 용기가 필요합니다.

Z는 오직 그만이 할 수 있는 오베론을 연기했다. 연기가 아닐지도 모르겠다는 생각이 들 정도로 세상 하나뿐인 오베론을 만들어냈다. 내가 원래 알고 있던 Z의 모습은 오베론으로 변신한 그에게서 전혀 찾을 수가 없었다. 오베론은 그를 완전히 지배했다.

'메소드 연기'method acting. 러시아의 스타니슬랍스키Stanislavskii가 창안한 극사실주의 연기 스타일. 자신의 배역에 극단적으로 몰입하는 연기는 새로운 인격을 만들어내는 것과 같지 않을까.

살면서 다중 인격 장애 증상을 가진 사람을 보는 일은 극히 드물지만, 특별한 목적을 위해 새로운 인격을 만들어내고 일시적으로 그 인격이 되어버리는 이들은 많이 있다. Z가 오베론이 되었던 것처럼.

— 본문에서 다룬 작품
《23 아이덴티티》(2016), 《킬미, 힐미》(2015)

— 함께 보면 좋을 작품
《아이덴티티》(2003), 《파이트 클럽》(1999),
《싸이코》(1960)

10장

#신체이형장애

#외모지상주의

#루키즘

#피해망상

#자기혐오

#성형중독

#프로아나

#거식증

#근육이형증

#투더본

#당신은혼자가아니다

못난 나를
사랑할 수 있을까

외모지상주의와 자기혐오

내 머리카락은 곱슬이다. 완전히 꼬불꼬불한 건 아니지만 일단 직모는 아니라, 사람들은 이런 머리를 일명 '반곱슬'이라 불렀다. 반곱슬머리도 곱슬거리는 머리카락이 맞으니 어쨌든 곱슬머리가 맞다. 중고등학생 시절, 조금 더 엄밀히 말하면 외모에 한참 관심이 많던 사춘기 시절에 나는 곱슬머리가 너무 싫었다.

드라이어를 사용해서 최대한 곧게 정리해놓고 젤과 왁스, 스프레이 등 온갖 헤어 제품을 사용해서 고정하는 게 등교 전 가장 중요한 의식이었다. 비라도 오는 날이면 이 모든 노력이 무산되고, 하루 종일 곱슬거리는 머리에 신경이 쓰였다. 머리가 제대로 안 만져지면 다시 머리를 감는 일이 잦았다. 아예 외출을 포기하기도 했다.

그 정도로 나는 내 곱슬머리가 싫었다.

나는 나를 미워한다

만약 여러분이 '당신은 스스로에 대해 얼마나 만족하는가'라는 질문을 받았다고 가정해보죠. 구체적으로 그 정도를 0~100점으로 점수를 매긴다면 자신에게 몇 점을 줄 건가요? 70점? 80점? 혹은 100점? 아마도 여러분은 현재 자신의 삶을 구성하는 다양한 부분의 만족도를 가늠하여 대략적인 점수를 내게 될 겁니다. 그런데 이 질문을 '당신은 자신의 외모에 대해 얼마나 만족하는가'라는 질문으로 바꿔본다면 어떨까요?

'외모지상주의'lookism는 이 시대를 가장 잘 표현하는 키워드 중 하나라 해도 과언이 아닐 것입니다. 외모는 사회적으로 중요한 요소가 되었죠. 그렇기 때문에 우리는 어쩌면 스스로에 대한 만족감을 묻는 질문보다 외모에 대한 만족감을 묻는 질문에 더 진지해질 수도 있습니다.

외모는 나를 타인에게 내보이는 즉각적이고도 분명한 요소이죠. 본인 스스로 외모에 대한 만족도가 높으면 자신감도 높고

당당해질 수 있습니다. 반면 외
모에 대한 만족도가 낮으면 사
회적으로 위축되어 사람과 만
나는 것을 극도로 꺼리게 되기
도 합니다.

여기 자신을 끔찍한 괴물
이라 칭하는 한 남자가 있습니
다.《오프라 윈프리 쇼》The Oprah
Winfrey Show 에 출현한 제스Jess 라
는 청년은 자신의 외모에 대해
다음과 같이 말했습니다.

그림 10.1 《오프라 윈프리 쇼》에 출현했던
당시 제스의 모습. 이 얼굴을 못생겼다고 할
수 있을까.

"나는 사시에 턱선도 삐뚤고, 피부는 엉망진창에 이목구비도 제멋
대로예요. 내 못생긴 외모만 바꿀 수 있다면 무슨 일이든 할 겁니다.
나는 사람이 아니라 괴물이에요."

여러분이 보기에도 제스의 이목구비가 엉망진창인데다 눈이
사시로 보이나요? 쇼에서 오프라 윈프리를 비롯한 출연자와 청
중이 전혀 그렇지 않다고 말해도 제스는 본인의 외모를 극단적으
로 부정했습니다.

함께 출연한 제스의 부모는 하루 중 대부분의 시간을 그를

화장실에서 끄집어내는 일에 소요할 정도라고 말했습니다. 그가 종일 화장실 거울을 보며 외모를 고치고 단장하기 때문이죠. 그만큼 제스가 자신의 외모에 대한 부정적 집착이 강하다는 것입니다. 제스의 부모는 아들의 현 상태가 얼마나 고통스럽고 견디기 힘든지를 눈물로 호소했습니다.

제스처럼 극단적으로 자신의 외모를 비하하고 객관적 시선으로 자신을 보지 못하는 사람은 심각한 수준의 정신 장애를 앓고 있는 것입니다. 이와 같은 정신 장애를 '신체 이형 장애'BDD, Body Dysmorphic Disorder 라 부릅니다.

내게서 괴물을 보았다

아침에 일어났을 때 어제는 없던 뾰루지가 콧등에 빨갛게 솟아 있다면 기분이 어떤가요? 오늘따라 유난히 머리가 부스스한 것처럼 보일 수도 있겠죠. 그런 부분이 신경 쓰여 평소보다 사람들 앞에서 행동이 부자연스러워질 수도 있습니다. 평소와 다르거나 정돈되지 않은 그 부분이 매우 크게 느껴지기도 할 것입니다. 우리는 유달리 마음에 들지 않는 외모 때문에 위축될 때가 있습니다. 다른 사람이 그날 따라 유독 못난 그 부분을 쳐다보고 있을 것만 같은 그런 기분이 드는 것이죠.

　신체 이형 장애는 그런 기분을 눈뜨는 순간부터 잠들 때까지 강박적으로 느끼는 증세를 일컫습니다. 다른 사람이 알아차리기 힘들 정도의 미미한 부분을 중대한 결함이나 단점으로 단정하기 일쑤죠. 그로 인해 심리적으로 크게 위축되고 지독한 고통을 받는 장애가 바로 신체 이형 장애인 것입니다. 이들은 자신이 기형적으로 생겼다고 말하거나 매우 끔찍해서 꼴도 보기 싫다는 등의 극단적 자기혐오를 서슴없이 표출합니다.

　신체 이형 장애자는 평균 3~8시간 정도를 외모를 관리하는 데 보내는 것으로 보고됩니다. 그 시간 동안에는 다른 일을 못합니다. 그야말로 통제 불능 상태에 빠지는 것이죠. 오직 외모에만 모든 신경을 쏟아붓습니다. 다른 사람은 거의 알아차리지 못하는데, 본인은 도저히 참을 수 없는 그 어떤 부분을 관리하고 바꾸기 위해 상당한 시간을 소요합니다.

　신체 이형 장애자는 자신의 신체를 심각하게 훼손하는 경우가 많습니다. 강박적으로 머리가 뽑힐 듯 빗질을 하거나 피부가 벗겨져 피가 날 때까지 문지르는 등의 행위가 대표적입니다. 이 밖에도 머리카락을 다 쥐어뜯거나 잘라버리기도 하죠. 문제는 이 행위들을 본인은 외모 관리의 일환이라 생각한다는 것입니다. 이러한 행위는 때로 심각한 정도로 신체를 훼손시키기도 하죠.

　무엇보다 외모에 대한 병적인 집착과 혐오로 인해 높은 수준의 불안과 초조를 보입니다. 자신이 염려하는 부분에 대해 타인에게 끊임없이 물어보며 확인하는 행동을 멈추지 못하죠. '아무렇지 않다', '괜찮다' 식의 안심시키는 말은 결코 통하지 않습니다. 그들은 자신의 모든 신경이 집중된 그 특정 부분이 별로라는 말을 듣기 위해 물어보는 거니까요. 타인도 자신처럼 똑같이 문제라고 느낀다는 것을 확인해야만 당장 거울 앞으로 달려가 그곳을 마음껏 만지고 다듬을 수 있으니까 말이죠.

대인 관계에도 심각한 문제를 겪게 됩니다. 다른 사람의 표정이나 말투에 의심을 품는 빈도가 잦아지기 때문이죠. 자신의 외모를 다른 사람이 평가하고 있다고 지레 의심하는 것입니다. 자신이 주목받거나 평가받지 않는 상황에서도 강박적으로 의심하고 집착합니다. 예를 들면 지나가는 사람이 무심결에 다른 생각이 떠올라 웃기라도 하면 자신의 외모를 보고 비웃는 것이라 여기고 그에게 증오에 가까운 감정을 드러내는 식입니다.

다른 사람이 시도 때도 없이 자신의 외모를 평가하며 비웃는다는 등의 과도한 피해망상에 사로잡히는 것이죠. 따라서 사회적 불안과 회피, 우울 등이 위험한 수준에 다다르며 결국에는 사회생활이 불가능한 상태에 빠져버립니다. 직장을 잃거나 학교를 그만두고, 심지어는 친하게 지내던 사람과의 관계도 완전히 끊어버리는 지경에 이르죠.

신체 이형 장애의 가장 큰 피해 중 하나는 바로 성형수술이나 미용 치료 등에 중독되는 것입니다. 만약 신체 이형 장애 정도가 이 정도 수준이라면 매우 위험한 상황으로 간주할 수 있습니다. 심한 경우 자가 수술을 시도하다 온갖 부작용에 시달리거나 사망에 이를 수 있기 때문이죠. 전문적인 지식이나 훈련 없이 이루어진 자가 수술은 당연히 매우 높은 확률로 부작용을 일으킬 수밖에 없습니다.

한때 우리나라에서 큰 화제가 됐던 '선풍기 아줌마'를 기억하는 이들은 그 부작용이 얼마나 심각한지 알고 있을 것입니다. 자가 수술을 하는 이들은 허가받지 않은 수술용 도구나 약품, 심지어 시중에 파는 식용유나 참기름 등을 얼굴이나 다른 신체에 주입하여 심각한 신체 훼손을 초래합니다. 신체가 회복할 수 없을 만큼 심각하게 훼손되면 극도로 예민해진 그들은 폭력적으로 변하기도 하고 인간관계를 완전히 단절해버리기도 하죠.

신체 이형 장애가 주로 발병하는 시기는 외모에 부쩍 관심이 늘어나는 청소년기입니다. 『정신 질환의 진단 및 통계 편람 제5판』에서도 신체 이형 장애가 가장 많이 발병하는 나이를 12~13세로 봅니다. 특히 18세 이전에 발병하는 경우에는 자살 시도율이 높다고 경고합니다. 자신에 대한 정체성과 자존감을 길러가야 할 시기에 외모에 대한 비관은 스스로에 대한 혐오를 불러일으킬 수 있습니다.

더 큰 문제는 이와 같은 자기 비하와 혐오가 요즘은 당연한 덕목으로 여겨지는 현상이 나타나고 있는 것입니다. 마치 '원죄론'原罪論을 당연하게 여기며 비루한 인간을 계몽하고 갱생시켜야 한다는 사상이 만연했던 중세 시대처럼 말이죠. 지금부터 이야기 할 '프로아나'pro-ana는 현대의 외모지상주의에 기반한 새로운 원죄론이자 계몽주의라고 볼 수 있겠습니다.

프로아나의 잔혹한 라이프 스타일

프로아나라는 말을 들어본 적이 있나요? 살을 빼는 것이 곧 삶의 신념이요, 종교인 사람을 일컫는 현대의 신조어입니다. 프로아나 는 '옹호'를 뜻하는 'promotion'(프로모션)과 '거식증'을 뜻하는 'anorexia'(아노렉지아)의 합성어입니다. '거식증을 옹호한다'라는 뜻이죠. 음식을 기피하면서 극단적으로 살을 빼는 이들이 자신들 의 삶을 긍정적이고 자랑스럽게 여기기 위해 만든 신조어입니다. 원래 프로아나는 1990년대 인터넷의 발달과 함께 소수의 자발적 거식을 하는 이들 사이에서 은밀하게 퍼져나가던 용어였습니다. 그런데 이제는 블로그나 SNS 등을 통해 세계 곳곳으로 확산되고 있습니다.

프로아나에게 굶는 일은 '다이어트가 아닌, 라이프 스타일'it's not a diet it's a lifestyle 입니다. 보통 다이어트를 하는 사람은 건강과 미 용을 주요한 목적으로 삼습니다. 하지만 프로아나는 그야말로 또

하나의 고유한 생활 방식으로써 극단적인 굶기를 합니다.

"나는 아나Ana에게 귀의합니다. 아나만이 나를 바른 길로 인도하시고, 내가 있는 곳 어디든 강림하시며, 오직 아나만이 나를 이해하고 어루만져주십니다. 나는 아나의 영광이고, 아나의 자랑이어라."[36]

— '아나의 강령'Ana's Law 중 일부 발췌

'아나의 강령'을 보면 그들에게 아나는 예수이고 부처입니다. 한마디로 종교인 것이죠. 프로아나는 극단적으로 마른 몸을 절대적 아름다움의 기준으로 삼습니다. 아나에 대한 신앙과 존경을 표하는 가장 좋은 방법은 굶기입니다. 그들에게 가장 큰 적군은 음식이고, 음식과 위대하고 성스러운 전쟁을 벌이는 것이 프로아나의 사명이라 믿고 있습니다.

요즘은 '먹방'이 유행하면서 마치 음식과 전쟁을 치르듯 음식을 마구 먹어 치우는 이들이 인터넷상에 자주 보입니다. 이와는 정반대로 음식과의 전쟁을 벌이는 이들이 바로 프로아나입니다. 프로아나에게 음식은 최악의 유혹이자 적군이죠. 완전히 다른 의미지만, 이들은 모두 음식과 '성전'聖戰을 벌이고 있다고 볼 수도 있겠습니다.

다음은 〈프로아나 여신〉PRO ANA GODDESS에서 발췌한 프로아나의 팁과 행동 요령입니다. 약 60개의 팁 가운데 흥미로운 몇 가

234

지만 소개해보겠습니다.

1. 체중계님의 말씀만이 오직 진리라는 것을 잊지 말고, 식후에는 반드시 너 자신을 처벌하라.

2. 배가 고프면 얼음을 먹어라. 그러면 너의 몸이 열을 내기 위해 칼로리를 태울 것이다.

3. 10잔의 물, 10잔의 다이어트 음료, 10개의 껌, 10잔의 커피면 너의 하루는 충분하다.

4. 거울이 말해주는 너의 뚱뚱함을 보되, 다른 사람이 뭐라 지껄이든 절대로 믿지 마라.

5. 네가 섭취한 모든 음식의 칼로리를 계산하고 정리하는 노트를 만들어 반성하라.[37]

처음 〈프로아나 여신〉을 보았을 때 저는 놀라움을 금치 못했습니다. 소개한 팁들이 심지어 기발하다는 생각이 들 정도였으니까요. 배가 고플 때 얼음을 먹으라는 요령은 정말로 창의적이지 않은가요?

〈프로아나 여신〉에서 제시한 팁을 보면 자기 처벌적 성향이 강합니다. 자기 비하와 혐오를 더욱 자극할 만한 것들이 대부분이죠. 프로아나로서 살기를 택했다면 몸은 언제나 처벌의 대상으로 여겨져야 합니다. 이것은 마치 체중계의 눈금이 '0'이 되어야만 끝날 죽음의 게임처럼 보입니다.

프로이트는 말년에 생과 사랑의 욕망인 '에로스'Eros와 죽음과 파괴 욕망 '타나토스'Thanatos가 비슷한 성격을 지녔다고 말했습니다. 자신을 사랑하는 일은 자신을 죽이고자 하는 욕망과 같다고 말이죠. 프로아나를 보면 프로이트의 주장에 동의하지 않을 수 없겠네요.

프로아나는 자신을 사랑하고 가꾸는 방법으로 자신을 파괴하고 있습니다. 그들은 이와 같은 사실을 너무나 잘 알고 있으며 지금 이 순간에도 그 사실을 매우 자랑스러워하고 있습니다.

나는 나를 파괴한다

프로아나로서의 삶을 추구하는 이들은 대다수가 여성인데, 남성에게도 이와 유사한 현상이 발견됩니다. 99퍼센트가 남성에게서 발생한다고 보고되는 '근육 이형증'Muscle Dysmorphia이 바로 그것입니다. 신체 이형 장애 증상 가운데 하나로 볼 수 있는 근육 이형증은 자신의 체격이 너무 왜소하다거나 근육이 많이 부족하다는 생각에서 빠져나오지 못하는 정신 장애를 말합니다.

근육 이형증을 앓는 사람은 자신이 상당한 근육을 가지고 있음에도, 스스로를 근육이 없는 사람이라 여깁니다. 프로아나가

그림 10.2 근육질의 남자가 거울 속에서 자신의 왜곡된 형상을 보는 것은 근육 이형증의 대표적인 증상이다.

©shutterstock

극단적 마름을 추구한다면, 근육 이형증에 걸린 사람은 극단적인 근육의 팽창을 추구한다고 볼 수 있습니다.

　서로가 추구하는 방향은 완전히 반대지만, 자신의 신체를 혐오하고 심지어는 파괴한다는 점에서 프로아나와 근육 이형증은 동일합니다. 근육 이형증에 걸린 사람은 과도한 식이 조절이나 극심한 근력 운동에 중독되고 맙니다. 지나친 운동으로 인해 근육이 파손되거나, 심각한 경우 골절 등의 사고를 당해도 결코 운동을 멈추지 못하죠. 운동하지 않는 상황 자체가 더욱 큰 불안과 고통을 불러일으키기 때문입니다.

극단적인 운동 중독 증세를 항상 동반하는 근육 이형증. 이 것은 보통 사람보다 과도한 수준의 근육을 가진 남성에게서 더욱 많이 나타납니다. 근육이 아무리 커져도 만족을 못하기 때문이 죠. 자신의 몸을 파괴하면서도 오히려 그 파괴에 중독되어 고통 과 동시에 쾌감을 느끼는 것으로 볼 수도 있겠습니다. 앞서 언급 했듯 정신분석학에서는 이러한 증상을 주이상스라고 부르고 있 습니다. 혹은 자기 파괴를 통해 만족을 얻는 '마조히즘'masochism 성향으로도 볼 수도 있겠습니다.

프로아나도 운동 중독에 빠지는 경우가 많은데, 운동이 칼로 리를 태우는 가장 빠른 방법이라 믿기 때문이죠. 칼로리에 대한 강박과 죄책감 때문에 근육 이형증에 걸린 이들처럼 운동을 하지 않으면 불안과 초조를 느낍니다. 문제는 프로아나가 신체 기능을 파괴할 정도로 과도한 운동을 한다는 겁니다. 이건 확실한 자기 파괴입니다.

영화《투 더 본》To the Bone에서는 거식증에 걸린 엘런Ellen의 삶 을 적나라하게 보여줍니다. 작품의 제목 'To the Bone'은 '뼛속 까지' 혹은 '뼈를 향해' 등으로 직역할 수 있겠습니다. 그러나 작 품이 주지하는 바를 통해 의역하자면 '뼈만 남을 때까지'가 가장 적합할 것 같군요.

238

그림 10.3 엘런(오른쪽)은 자신이 심각한 거식증에 걸렸다는 진단을 덤덤하게 듣고 있다.

　《투 더 본》에서 엘런은 그야말로 뼈만 남을 때까지 음식을 거부하고 운동을 합니다. 그녀는 그나마 섭취한 미량의 음식이 살을 조금이라도 찌우게 될지도 모른다는 불안에 마치 구도자처럼 매일같이 수 킬로미터를 걷습니다. 밤에는 침대에 누워 윗몸일으키기 수십, 수백 번을 하지 않고는 잠들지 못하죠.

　섭취하는 칼로리의 몇 배나 되는 에너지를 운동으로 소모하는 탓에, 그녀는 빈혈이 매우 잦으며 만성영양실조에 걸린 상태입니다. 게다가 윗몸일으키기를 할 때마다 모세혈관이 터져버려 그녀의 등은 온통 멍으로 얼룩져 있습니다. 척추와 피부 사이에서 완충 작용을 해주어야 할 피하 지방이 거의 없기 때문이죠. 자신을 아름답게 만든다고 생각하며 취한 행동이 그녀를 온통 파괴하고 있던 것이죠.

다음은 간호사 로보Lobo와 엘런이 체중계에 올라가 몸무게를 잰 뒤에 나누는 대화입니다.

엘런 와우, 이거 좀 심각하네요!

로보 몸이 더는 태울 지방이 없을 때 뭘 태우는지 알고는 있나요? 근육, 장기 조직. 이제 곧 당신은 연체동물처럼 흐느적거리며 다닐 거예요.

엘런 충고 고마워요. 진짜 무섭네요. 후!

엘런은 로보가 섬뜩하고 충격적인 경고를 하는데도 귓등으로도 듣지 않습니다. 그녀는 거식증 치료 센터에 들어가서도 체중이 오히려 줄어든 것에 쾌락을 느끼고 있죠. 그 자신이 마치 센터의 강압적 조치에 온몸으로 부딪히고 저항해서 승리를 거둔 것마냥 말이죠.

그런데 엘런이 간과하고 있는 매우 중요한 사실이 하나 있습니다. 우리의 몸은 생존을 위해 철저하게 이기적으로 설계된 유기체입니다. 1초라도 더 생존하기 위해 모든 수단과 방법을 강구하도록 만들어졌죠. 로보의 말처럼 태울 지방이 없으면 근육이나 장기 조직까지 태워 살아남기 위해 할 수 있는 것을 다 하는 것이 우리의 몸입니다. 하지만 엘런과 같은 거식증 환자는 몸의 발악을 오히려 즐깁니다. 줄어든 체중계의 숫자에만 집착하는 모습을 보이죠.

프로아나에게 체중계에 찍히는 숫자는 '참을 수 없는 몸의 무거움'으로밖에 보이지 않는 것입니다. 프로아나는 신체 기관들이 정상적으로 기능할 수 있을 정도의 체중에 미치지 못함에도 불구하고 낮아진 체중계의 숫자에 쾌감을 느낍니다. 그렇기에 심한 경우 목표한 운동량을 채우지 못하면 불면과 과민한 긴장 상태에 빠지고, 결국 신체 대사가 완전히 망가져 사망하는 일도 있습니다. 정말로 완전한 자기 파멸입니다.

스스로가 믿는 극단적 아름다움을 추구하다가 결국 자기 존재의 파멸을 초래하고 마는 것입니다. 이것을 에로스의 욕망이 타나토스의 방식을 취한 결과라고 말할 수 있지 않을까요.

나는 나를 사랑한다

신체 이형 장애는 대부분 망상으로 인해 심각한 수준에 이르게 됩니다. 누군가가 나를 욕하거나 비웃고 있다는 생각, 자신을 파괴하는 행위를 순교나 개선책이라 믿는 생각 등 자신을 향한 혐오나 애정이 극단적일 경우 신체 이형 장애로까지 번지는 것이죠. 이러한 잘못된 망상은 그들에게 강하게 엉겨붙어 쉽게 떨어지지 않는 경우가 대부분입니다. 그렇기 때문에 신체 이형 장애를 심각하게 앓고 있는 사람들에게는 망상 장애를 치료할 때 쓰는 방식이 필요합니다.

약물로서는 현재 '세로토닌 재흡수 억제제'SRI, Serotonin Reuptake Inhibitor가 가장 많이 활용되고 있습니다. 세로토닌은 뇌에서 분비되는 호르몬의 일종으로 행복감과 만족감을 유지시키는 역할을 합니다. 우리의 뇌는 성취나 기분 좋은 일에 대한 보상으로써 세로토닌을 분비하게 되죠. 가령 좋은 성적을 받았을 때나 선행 뒤 칭찬받았을 때 세로토닌이 분비되는 것입니다. 다만, 일정 시간이 지나면 세로토닌은 다시 뇌로 흡수됩니다. 그래서 우리의 행복감은 일정한 시간이 지나면 서서히 소멸하는 것입니다.

만약 우리의 뇌가 세로토닌을 다시 흡수하지 않고 끊임없이 분비만 한다면 어떻게 될까요? 결핍이나 욕망을 느낄 수 없게 되겠죠. 이미 행복감에 크게 취해 있으니 결핍이 있을 수 없는 것입니다. 마치 마약에 취한 것처럼 말입니다.

실제로 대부분의 마약은 세로토닌 분비를 강한 수준으로 자극합니다. 영화나 드라마 등에서 마약에 취한 사람이 넋이 나가 있는 것은 세로토닌이 과도하게 분비됐기 때문이죠.

여하튼 신체 이형 장애의 망상을 치료할 때에는 이 세로토닌의 재흡수를 막는 약을 일부러 투여합니다. 신체 이형 장애를 앓으면 앞서 언급했듯 신체에 대한 과도한 비관에 빠져 있는 경우가 많습니다. 이들은 행복감이나 만족감이 상당히 낮은 수준에 머물러 있죠. 따라서 세로토닌을 강제로라도 더 분비된 상태로 머물게 하는 방법을 쓰는 것입니다.

세로토닌 재흡수 억제제 외에 요즘에 많이 사용하는 또 다른 약물로는 항우울제의 일종인 '클로미프라민'clomipramine이 있습니다. 클로미프라민은 환자에게 직접 먹이거나 혈관에 주사하는 방식으로 처방합니다. 혈관에 투여하는 방식은 항우울제 중 클로미프라민이 거의 유일한데, 보통 90분에 걸쳐 약 150~200밀리그램을 투여합니다.

클로미프라민은 20세기 중반부터 사용되었고 1990년에 이르러 미국 최초의 강박증 및 망상 치료제로 공인받게 됩니다. 클로미프라민은 한 임상 시험에 따르면, 전체 환자 중 약 80퍼센트에게서 증상을 완화시켜주는 효과가 있음이 밝혀질 정도로 효용이 좋은 편입니다.[38]

더욱 효과적인 치료를 위해서는 인지 행동 치료CBT, Cognitive Behavior Therapy 또한 당연히 병행되어야 하겠습니다. 신체 이형 장애 대다수는 외모 전체보다는 특정 부분에 강박적으로 집착하는 경향을 보입니다. 그들은 얼굴과 몸의 조화를 보지 못하기에 본인이 집착하는 어떤 특정 부분에서 헤어나지 못합니다. 이들에게

는 자신의 전부를 볼 수 있도록 해주는 상담 치료가 필요한 것이
죠. 눈·코·입·귀가 자연스럽고 균형 있게 배치되어 얼마나 아름
다운 얼굴을 만드는지를 지속적으로 인지시켜주어야 합니다.

환자가 지닌 자신만의 해결책이 더 많은 문제를 유발한다는
사실을 알도록 해주는 것도 매우 중요합니다. 신체 이형 장애를
앓는 이들은 본인만의 방식으로 자신의 단점을 해결하고자 하는
성향이 강합니다. 그런데 이 방식들은 대부분 자신을 파괴하는
폭력적인 방식이죠. 신체를 물어뜯거나 쥐어뜯어 훼손한다든지,
신체 기관이 파열되어도 운동을 멈추지 못하는 등. 이러한 해결
책은 더 큰 문제를 불러일으켜 위험한 수준에 이르게 되죠. 따라
서 이들에게 올바른 방식으로 자신을 가꾸게 할 상담 및 행동 치
료는 꼭 필요한 것입니다.

영국에 본사를 두고 있는 '신체 이형 장애 재단'BDD Foundation에
서는 신체 이형 장애를 연구하고 논의하는 학술 대회를 개최하고
있습니다. 상담 치료법, 올바른 약물 선택과 투약법 등을 모두에
게 공개하여 공익에 앞장서고 있죠.[39] 신체 이형 장애 재단은 심
각한 사회적 문제로 떠오른 외모지상주의와 그로 인한 자살, 신
체 훼손, 망상 장애 등을 개인이 온전히 견뎌야 할 문제로 보지
않습니다. 국가와 사회단체가 나서서 해결해야 할 중대한 문제로
생각하고 있죠. 신체 이형 장애 재단은 '당신은 혼자가 아니다'You
are not alone를 슬로건으로 내세우며 언제든 주변에서 도울 수 있는

244

이들이 존재한다는 것을 알리고 있습니다.

알베르 카뮈Albert Camus는 우리가 쉽게 망각해버리곤 하는 진실에 대해 강조했습니다. "자신을 사랑하지 않고는 남을 사랑할 수 없다"⁴⁰고 말입니다. 자신을 올바르게 사랑하는 법을 익히는 것. 신체 이형 장애를 앓는 이들에게는 이것이 가장 중요합니다. 이를 토대로 자신감 있게 세상을 향해 나아갈 수 있어야 합니다.

그리고 그런 나를 혐오가 아닌 사랑과 친절로 바라봐 줄 준비가 된 사람들은 분명히 있습니다. 신체 이형 장애 재단과 같은 기관, 심리상담 기관과 같은 곳들이 우리 주변에도 많이 있습니다. 그곳을 찾아 문을 두드릴 수 있는 용기를 내보기 바랍니다. 분명 따스한 관심으로서 맞아줄 것이고, 자신을 사랑하는 방법을 익히도록 도와줄 테니까요.

30대 후반이 된 지금도 내 머리는 여전히 곱슬머리다. 변한 건 없지만 중고등학생 때와는 달리, 이제는 꽤 만족하면서 살고 있다. 때로는 자연스러운 곱슬이 잘 어울린다며 부러움을 사기도 하니, 사춘기 시절 그렇게 혐오했던 게 민망할 정도다.

예전과 다른 것이 있다면, 내 머리에 어울리는 스타일을 스스로 찾았다고 해야 할까. 그 시절에는 결코 바뀔 수 없는 것을 상대로 감정 싸움과 기력 소모를 했는데, 나이를 먹으면서 타협하고 좋은 점을 취하는 법을 알게 된 셈이다. 그리고 이제는 곱슬머리를 신경 쓰기보다는 내가 올바른 표정을 짓는지, 선한 인상을 주는지, 내 신체에 가장 어울리는 몸가짐을 하는지 등을 더욱 신경 쓴다.

동서고금을 막론하고 '바른 외모'는 분명 인간의 중요한 덕목이다. 바른 외모는 인기 있는 외모라기보다는 내면의 가치와 미가 외적으로 표출될 때 만들어진다. 내면으로부터 우러나는 바른 외모를 갖추는 사람이 스스로를 사랑할 수 있고, 누구 앞에서든 당당한 사람이 될 수 있음을 알아야 한다.

— 본문에서 다룬 작품
《투 더 본》(2017)

— 함께 보면 좋을 작품
《내겐 너무 가벼운 그녀》(2001), 《미녀는 괴로워》(2006),
《기기괴괴 성형수》(2020)

11장

기억을 못하는 사람은 나쁜 걸까

세상에서 가장 슬픈 잊혀짐

어릴 때, 할아버지께서 부모님 대신 나를 하루 동안 돌봐주신 날이 있었다. 그때 난 할아버지에게 크레파스를 사달라고 졸랐는데, 매섭게 혼을 낼 뿐 사주지 않으셨다. 결국 나는 크레파스를 포기해야만 했다. 어린 마음에 새겨진 원망 탓인지, 그 이후로 할아버지와 데면데면한 사이로 지금까지 지내왔다.

어느 날 할아버지가 교수가 된 손자 녀석을 보고 싶어 하신다는 연락을 받았다. 나는 하루를 내어 시골의 어느 한적한 요양원에 계신 할아버지를 뵙고 인사도 드렸다. 돌아오는 길에 아버지가 전화를 하셨다. 할아버지께서 손자는 언제 오냐고 계속 물으신다고 한다. 인사를 드리고 이야기도 나누었다고 말해드려도 그때뿐. 할아버지의 기억 속에 내가 다녀간 일은 남아 있지 않았다.

무서웠던 할아버지는 그 무섭다는 치매에 걸리고 말았다.

과거를 이용할 수 있는 힘

니체는 「삶을 위한 역사의 이용과 오용에 대하여」On the Use and Abuse of History for Life에서 '과거를 이용할 수 있는 힘'에 대해 말했습니다. 인간답게 현재를 살아가기 위한 필수조건이 바로 과거를 이용할 수 있는 힘이라고 말했죠. 과거에 일어난 일을 바탕으로 역사를 만들 수 있을 때 비로소 인간은 처음으로 인간답게 존재할 수 있다는 것입니다. 인간의 가장 큰 능력 중 하나는 다른 동물들과 달리 과거와 현재, 미래라는 시간의 분절을 알 수 있다는 것이죠.

과거 속에 축적된 사건들에 관한 기억을 통해 현재와 미래를 살아갈 지혜를 얻는 능력. 이는 우리 인간으로 하여금 지금의 고도화된 문명을 이룩할 수 있도록 해주었죠. 즉 현재의 우리는 과거에 일어났던 모든 일의 종합이며 미래는 이러한 과거와 현재를 바탕으로 구성됩니다. 니체는 바로 이러한 점을 우리에게 일깨워주기 위해 과거를 이용할 수 있는 힘에 대해 이야기했던 것입니다. 그 힘은 다름 아닌 기억력이죠.

그런데 만약 과거를 이용할 수 있는 힘을 조금씩 상실해가다 더 이상 삶을 위한 역사를 만들어낼 수 없다면? 상상만 해도 너무나 끔찍한 일이 아닐 수 없습니다. 그보다 더욱 참혹한 것은 이 것이 아닐까요. 바로 자신이 기억을 잃어간다는 사실마저 잊어버리는 것.

과거와 미래를 잃어버리는 병

의사 알로이스 알츠하이머Alois Alzheimer와 환자 아우구스테 데테르Auguste Deter °는 대화를 나누고 있습니다. 그런데 두 사람 간 대화가 잘 진행되지 않는 모양입니다.

알츠하이머 이름이 뭔가요?

아우구스테 D 아우구스테.

○ 아우구스테 데테르는 학술지에서 보통 아우구스테 D로 표기하므로 이후부터는 '아우구스테 D'라 부르겠습니다.

알츠하이머 성은 무엇이죠?

아우구스테 D 아우구스테.

알츠하이머 남편의 이름은 무엇이죠?

아우구스테 D 아우구스테인 거 같은데⋯ 내가 누군지 모르겠어요.

아우구스테 D와 대담을 나눈 알츠하이머는 그녀의 행동에서 완전한 무기력을 느꼈다고 말했습니다. 그녀가 시간과 공간 개념을 상실한 것 같다고요. 〈그림 11.1〉은 아우구스테 D의 실제 모습인데, 그 어떤 의지나 기력도 없어 보입니다.

아우구스테 D는 대소변을 가리지 못하거나 정신 착란, 환청, 기억력 감퇴 등 당시에는 노환으로 여겨지던 증상을 보였습니다. 그런데 알츠하이머는 그녀의 증상을 그저 노화 현상으로만 보지 않았습니다. 이 증상이 혹 질병은 아닌가 하는 의문을 제기했던 것입니다.

알츠하이머의 의문 덕분에 우리가 현재 '알츠하이머병'Alzheimer's Disease이라고 부르는 기억 상실증이 질병의 범주 안에 편입될 수 있었습니다. 어떠한 현상이 질병으로 인정받는다는 것은 매우 중대한 의학사적 변혁을 말합니다. 알츠하이머의 의문이 가장 좋은

그림 11.1 완전한 무기력에 빠진 아우구스테 D의 모습. 그녀는 모든 시간과 공간의 감각을 잃은 것만 같은 얼굴을 하고 있다.

예입니다. 알츠하이머가 의문을 품기 이전에는 기억 상실증에 대한 치료라는 개념 자체가 없었습니다. 기억 상실증은 자연스러운 노화 현상에 불과했죠. 하지만 알츠하이머로 인해 의학적 치료를 기대할 수 있는 '질병'이라는 인식이 생겨난 것입니다.

그렇다면 알츠하이머가 기억 상실증을 질병으로 분류하기 이전에는 어땠을까요? '아는 것이 힘이다'라는 말로 우리에게 많이 알려진 프랜시스 베이컨Francis Bacon은 노화를 망각의 온상이라 여겼습니다. 고대 그리스의 위대한 학자 플라톤Platon은 극단적 노화를 겪는 이들은 신성 모독이나 반역을 저질러도 처벌을 면해

252

줘야 한다고 주장했죠. 그는 인간이 늙어가면서 판단력과 기억이 흐려지는 것은 기력이 쇠하고 주름이 늘어가는 것만큼 매우 자연스러운 현상이라고 생각했습니다. 그렇기에 노화가 원인이 되어 저지른 잘못을 처벌하면 안 된다고 주장했습니다.

우리 선조 역시 노화로 인한 기억 상실을 매우 당연하게 여겼습니다. 지금도 종종 사용하는 말인 '노망'老妄이라는 표현은 '늙어서 잘 잊게 되는 현상'에서 유래한 말입니다. '치매'癡呆라는 표현 역시 '매병'呆病이라는 표현에서 유래한 것으로 '어리석고 아둔해지다'라는 뜻을 지니고 있죠. 이처럼 동서양을 막론하고 늙으면 정신 능력이 감퇴하는 것을 자연스러운 현상으로 여기는 풍조가 지배적이었습니다. 그러다 알츠하이머가 처음으로 질병이 아닌가 하는 의문을 제기한 것이죠. 그리고 현대 과학 기술의 발전과 더불어 그 의문이 마침내 해결되었습니다.

○ 매병에서 '병'病은 한자 표기로서 질병의 의미를 지닙니다. 하지만 질병이라는 의미로 병이라 일컬은 것이 아니라, 늙어서 판단력이 흐려진 사람을 비하하는 의미를 지닌 표현으로 보는 것이 타당하겠습니다.

사라져버리는 뇌

알츠하이머병은 누구에게나 일어나는 증상이 아닙니다. 인간의 뇌는 기본적으로 30대가 되면 매년 전년 대비 0.5퍼센트가량 수축하기 시작합니다. 따라서 뇌가 한참 성장하던 시기와 비교해보면 노년의 뇌는 당연히 작을 수밖에 없습니다.

　그러나 알츠하이머병에 걸린 사람은 일반인에 비해 뇌가 훨씬 더 작아집니다. 〈그림 11.2〉[41]에서 볼 수 있듯 알츠하이머병에 걸린 환자의 뇌는 일반인과는 매우 다릅니다. 그들은 일반인에 비해 약 30퍼센트 이상 뇌 용적 손실이 일어난다고 보고되고 있

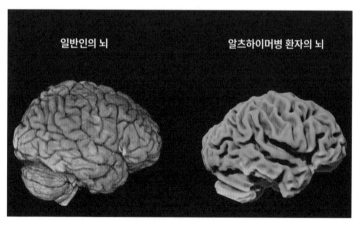

그림 11.2 일반인의 뇌(왼쪽)와 알츠하이머병 환자의 뇌(오른쪽). 뇌가 활성화된 면적에서 매우 큰 차이를 보이고 있다. 오른쪽 뇌의 경우 상당 부분 수축을 거듭하면서 실제 용적이 줄어든 것이다.

습니다.

뇌의 전 영역에 걸쳐 이와 같은 수축으로 인한 손실이 일어나는 것이 알츠하이머병입니다. 논리적 판단과 기억, 감각 등 모든 사고와 인지 능력이 심각한 수준으로 떨어지는 것 또한 이 때문이죠. 알츠하이머병에 걸리면 생물학적 퇴화로 인해 거의 모든 뇌 기능이 상실됩니다. 그러므로 정신적 충격으로 인해 일부 기억이 무의식의 영역에 봉인되는 트라우마나 억압에 의한 기억 상실과는 구분할 수 있어야겠습니다.

알츠하이머병이 발병하는 원인에는 여러 가지가 있습니다. 뇌 혈류가 정상적으로 흐르지 못해 나타나는 영양분 부족, 돌연변이 세포 증식 등. 무엇보다 유전적 영향이 40~50퍼센트를 차지할 정도로 가장 큰 요인으로 지목됩니다. 가족 가운데 알츠하이머병 전력이 있는 경우 더욱 경계해야 합니다.

발병 시기는 보통 65세 전후입니다(어린 나이에 발병하는 불행한 경우도 드물게 있습니다. 그런 경우는 '조발성 알츠하이머병'이라 부릅니다). 85세를 넘어가면 50퍼센트 이상으로 발병률이 껑충 뛰어오릅니다. 즉 85세 이상인 사람 두 명 중 한 명은 알츠하이머병에 걸린다는 말입니다.

현재 우리는 이른바 '100세 시대'를 맞이하고 있는 만큼 85세 이상의 노년층이 전에 비할 수 없이 두터워진 시대를 살고 있습니다. 1975년 첫 집계가 시작된 이래 현재 알츠하이머병 환자 수는 전 세계적으로 10배 넘게 늘어났습니다. 세계 곳곳에서 2,000만 명 이상의 사람이 알츠하이머병을 앓고 있는 것으로 추정됩니다. 가족 구성원이 평균 5명이라 가정한다면 알츠하이머병 환자를 포함해 1억 명 이상이 함께 고통받고 있는 것입니다.

「치매 국가책임제」는 우리 정부가 알츠하이머병에 걸린 환자를 국가적 차원에서 돌보고 해결하겠다는 정책을 제시한 것입니다. 알츠하이머병을 단순히 환자 혼자만의 질병으로 보지 않겠다는 것이죠. 환자를 돌보는 가족에게도 크나큰 고통이 되는 것이 바로 알츠하이머병인 것입니다.

우리는 함께하는 시간과 공간의 의미를 공유함으로써 인간답게 살아갈 수 있습니다. 그런데 알츠하이머병 환자는 '시간과 공간 개념을 상실'해버립니다. 아우구스테 D에 대해 알츠하이머가 회고한 것처럼 말이죠. 그들은 더는 우리와 같은 시간의 흐름 속에 있지 못하고 같은 공간에도 존재하지 못합니다. 그들의 시간과 공간 속에서 사랑하는 가족과 사람들 모두가 지워져버렸기 때문이죠.

머릿속에 지우개가 있어서

"이거 마시면 나랑 사귀는 거다"라는 사랑 고백이 유행하던 시절이 있었습니다. 영화 《내 머리 속의 지우개》에서 포장마차 테이블에 나란히 앉아 소주를 마시던 철수가 수진에게 술잔을 건네며 던진 이 한마디는, 이후 선풍적인 유행을 일으키며 수많은 패러디를 낳았죠. 이 영화는 사실적으로 알츠하이머병을 묘사한 작품인 동시에 환자 주변 인물이 겪는 고통도 매우 현실적으로 보여주고 있습니다.

다음은 알츠하이머병 확진받는 수진과 이 박사(의사)의 대화입니다.

이 박사 거리의 신호등이 무슨 색깔일 때 길을 건너갑니까?

수진 박사님, 무슨 질문들이 이래요?

이 박사 아무 말 말고, 그냥 질문에 대답만 하세요.

수진 (웃으며) 질문이 뭐였더라?

이 박사 거리의 신호등이… 무슨 색깔일 때… 길을 건너죠?

수진　그야, 파란색이죠. 아니! 빨간색! 박사님. 제가 좀 긴장이 돼서 생각을 잘 못하겠어요.

(…)

이 박사　MRI 사진과 양전자단층촬영 자료를 분석한 결과… 김수진 씨의 뇌에는… (헛기침을 하며) 김수진 씨의 머릿속에는 이상 단백질이 혈관에 축적되고 있는데… 이것이 뇌세포를 느리게 괴사시키고 있는 것이… 그러니까 유전자 이상으로 인한 것이 의심되고 있는 것이… 음… 그러니까….

수진　박사님, 그게 무슨 말씀이신지 전혀 이해가 안 가요. 좀 쉬운 말로 설명해주세요.

이 박사　아마도 유전적인 요인이 크게 작용한 굉장히 드문 케이스 같은데…
(MRI 사진을 가리키며) 이걸 보시다시피… 뇌가 벌써 엄청나게 빠른 속도로 수축… 에헴! 위축되고 있어서, 처음엔 광우병인 줄 알았어요. 그런데… 그게 아니고… (…) 수진 씨는 알츠하이머병에 걸렸어요. (…) 슬픈 일이지만… 육체적 죽음보다 정신적 죽음이 먼저 올 겁니다. 서둘러 준비를 하시는 게 좋을 것 같습니다.

수진은 이 박사의 단순한 질문들에 대해 대답을 잘 못할뿐더러 바로 전에 했던 질문마저 까먹고 있습니다. 사실 이 박사는 수진에게 치매 판별 질문을 하고 있었습니다. 이 박사가 치매 판별 질문을 통해 의심했던 수진의 알츠하이머병은 그녀의 뇌를 촬영한 MRI 사진을 통해 확진되었죠. 이 박사는 수진의 뇌혈관에 '이상 단백질'이 쌓인 것이 원인으로 보인다고 말하는데, 여기서 '루이소체 치매'DLB, Dementia Lewy Body를 의심해볼 수 있습니다.

'루이소체'는 뇌에 쌓이는 이상 단백질의 집합체로서 1912년에 프레드릭 루이Frederic Lewy가 처음 발견했습니다. 불필요한 단백질 덩어리가 뇌에 쌓이면서 뇌 기능을 저하시키는 것이죠. 일반인의 약 5퍼센트가 루이소체를 가지고 있으며, 미국인 중 약 1,500만 명이 루이소체 관련 질환을 겪는 것으로 보고되고 있습니다.

루이소체 치매와 더불어 루이소체로 인해 발병하는 가장 대표적인 병이 바로 '파킨슨병'Parkinson's Disease°입니다. 루이소체는 우리 뇌의 기억력을 저하시키고 환각을 보게 만들며 우울증도 유발합니다. 미국의 유명 배우 로빈 윌리엄스Robin Williams가 루이소체 관련 질병으로 사망한 것으로 밝혀져 많은 이를 충격에 빠뜨

° 파킨슨병은 온몸이 떨리거나 근육 경직이 일어나 몸동작이 느려지는 것과 같은 운동 장애가 나타나는 질환입니다. 증세가 심해지면 제대로 걷지 못하거나 몸을 거의 가누지 못하게 되기도 합니다. 또한 심각한 무기력증에 빠져 일상생활이 불가능할 정도에 이르기도 하는 무서운 질병입니다.

렸었죠.

다시《내 머리 속의 지우개》로 돌아오겠습니다. 이 박사와 수진의 대화 중 '육체적 죽음보다 정신적 죽음이 먼저 온다'는 말은 그야말로 완전한 절망과도 같습니다. 육체보다 먼저 오는 정신의 죽음이라니. 프랑수아 발François Wahl은 살아 있는 이의 심리적 죽음에 관해 다음과 같이 말했습니다.

"죽음이란 특히 이런 것이다. 지금까지 보아왔던 것이 아무것도 아닌 것으로 보이는 것. **우리가 지각해왔던 것으로부터의 장례**"[42]

우리가 알아왔던 것들로부터 멀어져 점차 아무것도 지각하지 못하는 상황에 이른다면 그것은 곧 영혼의 죽음입니다. 수진의 영혼은 죽어가고 있는 것이죠. 자기 자신을 잃어가는 병. 슬픔마저 허락되지 않는 병. 세상에서 가장 잔인한 병이 아닐 수가 없습니다.

병세가 심해진 수진은 늘 다니던 길도 잃어버리고, 그녀의 신상 정보를 기입한 명찰을 목에 걸고 다녀야 할 지경이 됩니다. 뿐만 아니라 그녀는 대소변도 제대로 가리지 못하죠. 앞서 언급했다시피 알츠하이머병에 걸린 사람은 대소변 실금이나 기억 장애, 불안, 언어와 판단 능력의 저하, 신체 경직 등이 일어납니다. 병세가 심각해질수록 현실을 지각하지 못하는 것 이상으로 신체 기능이 퇴보하는 것을 확인할 수 있죠.

내 사랑의 장례식

병에 걸린 수진뿐 아니라 남편 철수 또한 참혹하기는 마찬가지입니다. 그에게 있어 영혼이 죽어가는 수진을 감당하는 일은 살아 있는 그녀의 장례를 치르는 일이 될 수밖에 없는 것이죠. 롤랑 바르트Roland Barthes가 '사랑의 장례식'이라 말했던 이별의 정의가 이들의 상황에 어울릴 것 같습니다.

> "사랑의 장례에서의 대상은 죽지도 멀어지지도 않는다. (⋯) 나는 두 개의 대립되는 불행을 감수해야 한다. **그 사람이 현존한다는 사실에 괴로워해야 하고, 또 그가 죽었다는 사실에 슬퍼해야 한다.**"[43]

철수는 수진이 현존한다는 사실과 '철수를 사랑하는 수진'은 죽어가고 있다는 참혹한 사실을 감당해야 합니다. 눈앞에 수진은 너무나 생생하고 밝게 웃으며 살아 있는데 말이죠. 그녀의 넘쳐나는 생동 속에 더는 철수를 사랑하는 감정과 기억이 없습니다.

이 모든 거짓말 같은 상황을 감당해야 하는 철수인데, 여기서 끝이 아닙니다. 알츠하이머병 환자는 보통 최근의 기억부터

차례로 잃어가다 과거의 기억 속으로 돌아가는 경향을 보입니다. 아직까지는 그 현상에 대한 원인을 알 수는 없습니다. 최근에 덧대어진 기억부터 한 꺼풀씩 벗겨져 사라지는 것은 아닐까요? 철수는 이제 그를 사랑하기 이전의 수진의 기억들, 즉 수진의 과거와 싸워야 하는 상황에 놓입니다.

수진은 철수를 부를 때 그를 만나기 전에 사랑했던 연인 영민의 이름을 부릅니다. "영민씨, 사랑해"라고 말하는 수진에게 철수는 "나도"라고 답하며 터져나오는 눈물을 간신히 억누릅니다. 철수는 수진에게 완전히 낯선 사람이 돼버린 것이죠. 이런 상황이 철수에게는 정말 끔찍한 고통이 아닐 수 없습니다.

알츠하이머병은 망각의 저주와 손잡은 지독한 병입니다. 현재의 나는 잊히고 과거의 연인만을 기억하는 그 사람과 마주하도록 만드는 저주의 병이죠. 이 단계가 지나면 수진은 자신이 누구를 아프게 한다는 사실마저도 인지하지 못할 것입니다. 그러고는 빠져나올 수 없는 영원한 현재 속으로 유배당하고 말겠죠.

그런 수진을 바라보는 철수의 감정은 어땠을까요. 그 어느 누구도 손쓸 방도가 없기에 모질게 견딜 수밖에 없겠죠. 그런데 그런 견딤을 비롯한 모든 순간마저 잊고, 또 잊는 것이 바로 알츠하이머병입니다.

건강한 뇌를 지키기 위해

이토록 끔찍한 병인 알츠하이머병을 치료하려면 어떤 노력이 필요할까요? 결론부터 이야기하자면 불행히도 아직까지 알츠하이머병을 치료할 수 있는 의학적 방법은 없습니다. 다만, 뇌를 최대한 자극하고 활용함으로써 시기를 늦추는 것이 전부죠. 그 방법들에 대해 이야기해보도록 하겠습니다.

우리 일상에서 기억력을 강화시키는 대표적인 방법으로는 '브레인 피트니스'Brain Fitness가 있습니다. 브레인 피트니스는 다양한 시청각 자극을 통해 뇌의 사용 빈도를 끌어올리는 훈련 분야입니다. '브레인 게임'Brain Game은 가장 각광받는 브레인 피트니스 중 하나입니다. 누구나 쉽게 뇌를 훈련시킬 수 있도록 하는 것이 브레인 게임의 가장 큰 목적이죠. 요즘 말하는 4차 산업혁명 시대의 블루 오션으로 떠오르고 있습니다.

브레인 게임은 우리 뇌에서 발산하는 뇌파의 변화를 게임 데이터로 치환하는 방식을 사용합니다. 집중력이 높아질 때 발산되는 SMR파(오메가파)의 측정값을 게임 데이터로 사용하죠. 만약 자동차 게임에 적용한다면, SMR파가 증가하면 자동차가 가속되는 방식의 알고리즘을 구현합니다. 재밌게 집중력을 향상시키는 훈련을 통해 최대한 뇌가 퇴화하는 것을 늦추는 것이 바로 브레인 게임 방식이죠.

　　브레인 게임 말고도 일상에서 쉽게 뇌 건강을 유지할 수 있는 좋은 방법은 바로 걷기입니다. 히포크라테스Hippocrates는 걷기가 최고의 명약이라 말했습니다. 니체는 산책하는 도중에 나온 생각이 아니라면 모조리 의심하라고 했죠. 니체는 걸을 때 뇌가 가장 명석하게 기능한다는 것을 알고 있었던 것입니다. 실제로 걷기 운동이 두뇌 활동을 평소보다 20퍼센트가량 향상시킨다는 연구 결과도 있습니다. 유산소 운동을 하면 두뇌 인지 능력과 기억력을 향상시키는 '뇌 추출 향신경성 인자'BDNF, Brain Derived Neurotrophic Factor가 많이 생성되기 때문이죠.

　　이처럼 다양한 방법으로 뇌를 훈련하고 활용하는 방법이 있고 앞으로는 더욱 많은 방안들이 고안될 것입니다. 그러나 이것들은 30대부터 시작되는 뇌의 퇴화를 '지연'시키는 데 그친다는 한계를 가지고 있습니다. 이 한계를 극복하기 위해 미래에는 전혀 새로운 방식으로 우리 기억을 보존하게 될지도 모르겠습니다. 로봇 공학자들은 우리에게 지금까지와는 완전히 다른 방법으로 새로운 '기억 혁명'을 제시하고 있거든요.

　　로봇 공학계의 최고 권위자 중 한 명인 로드니 브룩스Rodney Brooks는 머지않은 미래에 인간은 노화와 죽음을 피하는 방법으로써 신체를 기계화할 것이라 예측했습니다. 브룩스는 우리의 기억은 기계의 도움을 받아 저장하는 외장형 기억이 될 것이라 예측합니다. 2017년 영국 커널Kernel의 창립자 브라이언 존슨Bryan

264

Johnson은 앞으로 15~20년 이내에 '초인간'Superhumans 프로젝트가 완료될 것이라 밝히기도 했죠. 뇌에 전자칩을 심어 인간의 기억을 자유자재로 조절할 수 있도록 하는 것이 핵심입니다. 이 프로젝트가 성공하면 우리는 원하는 기억을 사거나 만들어 머릿속 전자칩에 저장할 수 있고, 원치 않는 기억은 삭제할 수도 있게 될 것입니다.[44]

　존슨의 선언에 따르면 획기적으로 인간의 기억을 관리할 수 있는 시대가 다가오고 있습니다. 기억을 취사선택하여 저장 또는 삭제할 수 있다니. 초인간 시대에는 더 이상 암기력을 테스트하는 시험은 없을지 모르겠네요. 창피하거나 고통스러운 기억 때문에 몸서리치는 일도요.

　초인간 프로젝트 외에도 기억과 관련한 과학의 도전은 활발하게 이루어지고 있습니다. 미국 국방부에서는 편도체 손상을 통해 전장에서의 극심한 스트레스와 충격적인 경험을 지워주는 실험에 성공했습니다. 덕분에 극심한 트라우마를 겪고 있는 군인의 심신을 안정시킬 방안으로써 기억 삭제를 활용할 수 있게 됐죠. 이뿐만 아니라 전장에 나가기 직전 군인들의 공포심도 지워줄 수도 있을 것입니다. 편도체를 일부러 손상시켜 신경 세포 간 감정 전달을 담당하는 시냅스 기능을 약화시키는 것이 원리라고 합니다. 고통만을 주거나 불필요해진 기관을 절제하고 적출해서 병을 치료하는 원리와 비슷하다고 볼 수 있겠습니다.

머지않은 미래에 우리의 뇌는 마침내 기억이라는 과업에서 벗어나게 될 것으로 보입니다. 그런데 기억을 이처럼 자유자재로 다룰 뿐 아니라 기억의 한계를 극복하게 되면 과연 행복할까요?

기억으로 구성되는 인간이기에

기억을 잃어가는 병은 곧 자신을 잃어가는 병입니다. 4차 산업혁명 시대의 과학은 알츠하이머병 치유를 위한 희망찬 미래의 청사진을 우리에게 선보이고 있습니다. 하지만 어딘가 모르게 찜찜한 기분이 드는 것은 왜일까요? 이번 장 처음에 언급한 니체의 경구를 다시금 생각해봐야겠습니다.

과거를 이용할 수 있는 힘을 통해 우리는 현재와 미래를 맞이할 수 있다는 그 말을 말이죠. 이 말은 과거 혹은 기억이 달라짐에 따라 현재와 미래의 우리 또한 매우 다른 방식으로 구성된다는 말입니다. 저를 비롯한 여러분은 지금 이 순간까지의 모든 과거와 기억의 총합으로서 존재합니다. 행복했던 것과 좋았던 것만 취사선택하여 기억을 남기는 것이 가능한 시대가 온다면 그때의 우리는 '진정한 우리'일 수 있을까요?

글쎄요. 과거 중 그 어느 한순간이라도 없었다면 저는 지금 이 글을 쓰고 있지 않을 것 같습니다. 여러분도 그렇지 않나요?

과거의 순간들이 없다면 여러분은 지금의 여러분이 아닐 수도 있다는 생각이 들지는 않나요? 어쩌면 우리는 언젠가 고통스러운 기억을 자유롭게 지울 수 있을지도 모릅니다. 그렇게 되면 자신의 고통스러운 기억을 지워가며 마치 처음부터 없었던 사람인 듯 살아갈 수 있을 것입니다. 그렇다고 우리가 나쁜 기억으로부터 해방되어 완전한 행복을 얻을 수 있을까요?

글쎄요. 저는 아직은 마르셀 프루스트Marcel Proust가 말한 기억의 효용을 믿고 싶습니다.

"기억은 일종의 약국이나 실험실과 유사하다. 아무렇게나 내민 손에 어떤 때는 진정제가, 어떤 때에는 독약이 잡히기도 한다."[45]

프루스트는 과거의 고통스러운 기억도 필요하다고 말했습니다. 기억이 때로 내 마음의 진정제가, 때로 내 마음의 독약이 될지 몰라도. 기억은 행복과 고통의 양면을 통해 가장 현재의 나다운 나를 구성하기에….

그 후로도 가끔 할아버지의 안부를 물으면, 여전히 내가 다녀간 그 날을 기억하지 못하신다고 한다. 기다림이 있는 사람은 행복하다고 하는데, 영원히 반복될 잊힘으로 인한 기다림도 행복일 수 있을까. 더 이상 삶의 시간이 기억으로 남지 못하는 삶은 인간다운 삶이라고 할 수 있을까.

서글픈 일이다. 기억이 삶이 되지 못한다는 것은 말이다. 다른 사람들과 삶을 공유하지 못하게 될 테고, 멈춰진 시간 속에 남겨질 것이니까.

나는 그 모든 것이 두려워 결국은 내게서 잊히고 말 것들에 대하여 글을 쓴다. 훗날 기억조차 못하는 나를 기억해주기를 바라며.

— 본문에서 다룬 작품
《내 머리 속의 지우개》(2004)

— 함께 보면 좋을 작품
《마담 프루스트의 비밀정원》(2013),
《이터널 선샤인》(2004), 《노트북》(2004)

12장

#분리불안장애
#애착
#각인
#애착이론
#따뜻한어미
#차가운어미
#접촉위안
#프리허그
#감정적거식증
#히키코모리
#은둔형외톨이

#사회공포증
#인사이드아웃
#러브마이셀프

왜 혼자
살아갈 수 없을까

외로움 보고서

대학생이 되면서 처음 자취를 시작한 곳은 서울이었다. 울산의 방어
진에서 초중고를 보낸 내게 '서울살이'는 낯설었다. 타지에서 자취를
시작하는 대학생들이 많이 겪는 일 중 하나가 고향과 친구에 대한
향수와 우울이다. 나 역시 마찬가지였다.

그 시절의 나는 좋은 대학을 가는 것보다 친구들과 같은 대학을 가
는 게 더 좋다고 생각했었다. 내가 나온 고등학교는 서울로 진학하
는 학생이 매우 적었기에, 서울로 진학한 나는 졸업 후 친한 친구들
과 물리적으로 멀어질 수밖에 없었다.

그렇게 시작한 서울살이. 혼자서 모든 걸 다 해내야 하는 삶과 외로
움 때문이었을까. 마냥 신나야 할 신입생 시절은 재미도 흥미도 없
었다. 급기야는 이렇게 결심했다. 졸업하면 바로 지겨운 서울살이를
청산하고 울산으로 가겠다고.

애착은 어떤 관계에서 형성되는가

여기 한 남자를 졸졸 따라다니는 오리들이 있습니다. 마치 남자의 꽁무니에 줄이라도 매인 것처럼. 어디든 따라다니는 모양새가 어미를 따라다니는 것만 같아 재밌습니다. 흥미로운 사실은 이 오리들이 정말로 남자를 진짜 자기 어미라 생각한다는 것입니다. 자기를 낳아준 어미가 아닌데, 어째서 남자를 어미로 여기는 것일까요?

콘라트 로렌츠Konrad Lorentz는 조류나 포유류 등 수많은 동물이 태어난 직후, 특정 대상에 대해 학습하고 따르는 것을 '각인'imprinting이라 불렀습니다. 여기서 동물이 '학습하고 따른다'는 의미는 자신의 '어미로 인식한다'는 의미로 보면 되겠습니다.

새끼 오리들은 알을 깨고 처음 본 움직이는 대상인 로렌츠를 어미로 여겼고, 다 자란 뒤에도 여전히 그를 졸졸 따라다닌 것이죠. 이를 통해 그는 오리들이 '처음 본 움직이는 물체에 각인'되는 특성이 있다는 것을 밝혔습니다.

그림 12.1 오리들이 한 남자를 졸졸졸 따라다니고 있다. 그는 동물의 각인 행동 패턴을 밝힌 콘라트 로렌츠다.

동물마다 각인되는 방식에는 약간의 차이가 있습니다. 그러나 로렌츠가 명명한 '결정적 시기'critical period인 거의 태어난 직후 각인이 일어난다는 데에는 이견이 없습니다. 로렌츠는 이와 같은 동물의 행동 심리를 밝혀낸 공로를 인정받아 1973년 노벨 생리의학상까지 받았으니, 정말로 대단한 발견이 아닐 수 없죠.

로렌츠의 각인 이론에 영감을 받아 인간관계 심리에 관련한 이론을 만들고자 한 사람이 있었습니다. 바로 '애착 이론'Attachment Theory 창시자로 널리 알려진 존 볼비John Bowlby입니다. 볼비는 애착을 '한 사람이 전 생애에 걸쳐 특정 대상에게 가지는 애정적 유대'라고 정의했는데요. 이론 정립 초기에는 아이와 양육자 사이에 나타나는 애정적 유대 관계만을 애착이라 생각했었죠.

볼비가 아이와 부모가 아닌, 아이와 양육자 관계에서 애착이 나타난다고 주장했던 이유는 그의 어린 시절과도 관련이 있습니다. 20세기 초, 아직은 계급 의식이 남아 있던 영국 상류층 가정에서 태어난 볼비는 유모의 손에서 자랐습니다. 그랬기에 자신의 생애 초기 경험을 되돌아보면 애착 형성의 대상을 부모만으로 국한할 수 없었던 것이죠. 낳아준 부모가 아닌, 양육 대상으로까지 범위를 확장해 애착 형성 대상의 기준을 세웠던 것입니다.

그러고는 그 범위를 애정적 관계를 형성하는 모든 대상으로까지 확장합니다. 그러나 애착 이론 정립 초기에는 아이의 생존과 직접 결부된 관계에서만 애착이 형성된다고 보았죠. 그래서 볼비는 최초의 애착 형성은 생후 6~7개월 즈음에 일어나며, 대상은 양육자를 중심으로 한 극소수에 국한된다고 보았습니다. 볼비의 경험을 예시로 한다면, 볼비의 애착 대상은 유모이고 그 외에는 부모 정도라고 볼 수 있겠죠?

볼비의 경우와 같이 부모가 아닌 이들에게 양육된 경우 등을 제외한다면, 거의 모든 사람의 생애 첫 애착 대상은 부모라고 볼 수 있겠습니다. 여하튼 볼비는 아기가 자신의 생존과 밀접한 애착 대상과 있을 때는 감정적으로 안락함을 느끼고 접촉을 유지하려 한다고 보았습니다.

이 시기 아이 입장에서 애착 대상은 세상의 전부라고 할까요. 아이가 경험하는 모든 것은 애착 대상으로 말미암아 일어나니까요. 그렇기에 애착 대상과 분리되었을 때는 당연하게도 초조함을 느끼고 불안해하는 모습을 보이게 되는 것입니다.

따뜻한 어미, 차가운 어미

자, 그러면 여기서 애착에 대해 좀 더 깊게 알아보도록 하겠습니다. 생존과 직접적으로 결부된 관계에서 애착이 형성된다고 앞서 밝혔는데요. 애착은 단순히 생존 기제에 불과할까 하는 의문을 가질 수 있어야 합니다. 우리는 정말 살아남기 위해서만 애착을 형성하는 것일까요?

고맙게도 이에 대해 미리 의문을 품고 실험을 진행한 이들이 있었습니다. 매우 흥미롭지만 한편으로는 슬프고 잔혹했던 실험. 해리 할로Harry Harlow와 로버트 짐머만Robert Zimmermann의 '가짜 어미 원숭이 실험'이 바로 그것입니다. 할로와 짐머만은 두 개의 서로 다른 가짜 어미 원숭이를 제작했습니다. 그들은 태어나자마자 고아가 된 새끼 원숭이가 어떤 어미에게 애착을 형성하는지를 보고자 했습니다.°

우선 두 어미의 차이점에 대해 짚어봐야겠습니다. 가장 먼저 볼 수 있는 차이점은 두 원숭이의 몸통입니다. 한 어미 원숭이는 철제 몸통을, 다른 어미 원숭이는 헝겊 몸통을 가졌습니다. 또 다른 차이점은 젖병의 유무입니다. 철제 어미 원숭이는 젖병이 설치되어 있어 새끼 원숭이가 이유식을 먹을 수 있지만, 헝겊 어미 원숭이는 그렇지 않았죠.

말하자면 포만감과 온기 사이에서 선택을 유도한 것입니다. 이제 기본적인 실험 세팅은 끝났습니다. 새끼 원숭이들은 과연 어떤 어미 원숭이를 선택했을까요?

여러분 대부분은 결과를 예상할 수 있었을 것입니다. 실험에 투입된 새끼 원숭이들은 따뜻한 어미에게 꼭 안기는 쪽을 택했습니다. 그들은 차라리 굶는 쪽을 택했던 것이죠.

이 실험을 통해 아이의 애착 형성은 단순히 배고픔의 해결 때문이 아니란 것이 증명되었습니다. 따뜻한 접촉을 통해 안정적인 심리 상태가 형성된다는 것이죠. 할로는 이것을 '접촉 위안'contact comfort이라고 이름 붙였습니다. 특정 대상과 접촉하여 온기를 나누고 부드러운 감촉에서 안락함을 느끼는 심리가 바로 접촉 위안입니다.

혹시 '프리 허그'free hugs 운동을 기억하나요? 세계적으로 경

∘ 실험에 활용할 원숭이를 확보하기 위해 할로와 짐머만은 새끼 원숭이들을 태어나자마자 어미에게서 떼어놓았죠. 태어나자마자 생이별을 했던 새끼 원숭이들은 결국 자신의 진짜 어미가 누군지도 모른 채 실험에 활용되었습니다. 이러한 점 때문에 생명에 대한 윤리 의식이 결여된 실험이라는 비판을 받기도 했습니다.

그림 12.2 가짜 어미 원숭이 실험. 새끼 원숭이가 따뜻한 어미에게 안겨 있다.

기가 침체되고 인간관계가 갈수록 각박해져가던 시절이 있었죠 (물론 지금이라고 상황이 나은 것은 아니지만). 많은 이들이 우울과 비탄에 빠진 채 길거리를 터덜터덜 걸어다니던 그런 시기. 몇몇 사람이 거리에서 'Free Hugs'(프리 허그)라 적힌 팻말을 들고 사람들을 그저 안아주기 시작했습니다. 고된 삶을 헤쳐나가던 이들이 받은 잠깐의 따스한 온기는 큰 위로가 되었습니다. 그렇게 프리 허그 운동은 전 세계적으로 확산되었습니다. 인간이 또 다른 인간에게 온기를 통해 심리적 안정을 나눠주는, 그야말로 접촉 위안을 선사했던 대표적인 사례라 볼 수 있겠네요.

할로는 이처럼 생존을 위해 음식을 섭취하는 것 이상으로 애착 형성에 중요한 것이 온기와 접촉임을 보여주고 싶어 했습니다. 그렇기에 몇 가지 변수를 준 상황에서도 새끼 원숭이들이 헝겊 어미 원숭이를 택하는지를 봐야 했죠. 그는 각종 공포 상황을 조성하여 일부러 철제 어미 원숭이 쪽으로 몰이를 하거나, 헝겊

276

그림 12.3 실험 중 새끼 원숭이가 겁에 질려 머리를 감싸고 엎드려 있다.

어미 원숭이가 부재한 상황에서 새끼 원숭이들의 행동을 관찰했습니다.

　북 치는 곰 장난감을 실험 세트 안으로 들여 공포를 유발하거나 송곳으로 찔러 철제 어미 원숭이 쪽으로 몰아보는 등의 실험을 말이죠. 앞서 이 실험에 '슬프고 잔혹한'이란 수식어를 붙였던 이유가 바로 이러한 추가 실험 때문입니다. 이 실험 중 몇몇 새끼 원숭이는 사망하기도 했거든요. 참고로 사망한 새끼 원숭이들의 부검 결과는 '감정적 거식증'emotional anorexia 이었습니다. 심리적 안정이 되지 않아 먹지 못해 굶어죽고 만 것이죠. 살아남은 다른 새끼 원숭이들은 장난감 곰 인형이 북을 치며 위협해도, 송곳에 찔려 피를 흘리면서도 헝겊 어미 원숭이에게 꼭 달라붙어 있으려 했죠. 많은 새끼 원숭이가 헝겊 어미 원숭이가 없으면 극도의 불안 증세를 보였습니다.

할로가 이 실험을 구상하게 된 계기는, 엄마가 아이에게 이유식을 먹이는 일이 애착 관계 형성에 얼마나 중요한 작용을 하는지에 대한 논쟁 때문이었는데요. 이 논쟁은 볼비가 1950년 세계보건기구의 기금을 받아 발표한 연구보고서에서 시작되었죠. 볼비는 「모성적 돌봄과 정신 건강」Maternal Care and Mental Health에서 이유식을 먹이는 행위가 애착 형성에 크게 중요하지 않다고 주장했던 것입니다.

학자들은 생존에 필수적인 이유식을 주는 과정이 애착 형성에 매우 중요하다와 그렇지 않다로 나뉘어 첨예한 논쟁을 펼쳤습니다. 이 격렬했던 논쟁에서 볼비의 주장에 큰 힘을 실어준 것이 바로 할로와 짐머만의 가짜 어미 원숭이 실험이었고요.

그렇습니다. 새끼 원숭이들에게 먹는 것보다 훨씬 더 중요한 것은 따뜻한 온기였습니다.

혼자를 견딜 수 없는 사람들

생사의 갈림길에서도 따스한 어미를 갈망했던 새끼 원숭이들의 모습에서 우리는 애착이 얼마나 강한 본성인지 알 수 있었습니다. 그런데 만약 새끼 원숭이에게서 따스한 어미를 앗아가듯 우리에게서 애착 대상을 떼어놓는다면 어떨까요? 필시 우리는 약간이라도 불안을 느끼게 될 겁니다. 어린아이일수록 더 큰 불안에 휩싸일 것이고요. 어쩌면 우리가 어른이 된다는 것은 애착 대상과 분리되는 경험의 축적을 통해 홀로 다양한 상황에 직면하고, 또 그것을 헤쳐나가는 것인지 모르겠습니다.

그런데 만약 이 불안감의 정도가 지나치게 강하다면 어떨까요? 정상적인 사회생활이 힘들어질 것입니다. 이처럼 애착 대상과 분리되는 상황을 도저히 참을 수 없는 사람의 장애를 바로 '분리 불안 장애'라고 부릅니다.

분리 불안 장애를 앓는 사람은 애착 대상과 떨어질 때 심각한 증상이 나타납니다. 『정신 질환의 진단 및 통계 편람 제5판』에 구토와 복통, 심한 두근거림, 어지럼증으로 인한 기절 등이 명시되어 있죠. 단순히 불안과 두려움을 느끼는 정도가 아닙니다. 혼자 있을 때 너무나 불안한 나머지 토한다거나 기절하는 것은 결코 일반적인 증상이라고 볼 수 없죠. 또한 이들은 혼자일 때 과도한 망상에 사로잡히기도 합니다. 외출한 애착 대상이 누군가에게 납치되거나 살해당할지 모른다는 불안감 등등.

여기서 주목할 점은 본인에게 가해질 위해에 대한 두려움보다는 애착 대상을 상실할지 모른다는 불안감이 매우 크다는 것입니다. 애착 대상 없이는 살아가는 것 자체가 힘들 정도의 불안입니다. 그렇기 때문에 이들은 자신의 거주지를 거의 벗어나지 않거나 바깥 활동을 하더라도 꼭 애착 대상과 함께하는 모습을 보입니다. 이러한 제약으로 인해 사회 활동이 매우 적은 것 또한 분리 불안 장애의 특징입니다.

사회 활동이 매우 저조하고 집에만 있는 사람 하면 떠오르는 말이 있죠? 맞습니다. 바로 '히키코모리'引き籠もり입니다. 히키코모리는 '틀어박히다'라는 뜻을 가진 '히키코모루'ひきこもる에서 파생된 말로, 1970년대 일본에서 나타나기 시작한 '은둔형 외톨이'를 일컫는 말입니다. 우리 영화 중 이해준 감독의 《김씨 표류기》에서 묘사된 여자 김 씨는 히키코모리의 전형적인 모습입니다. 그녀는 쓰레기가 가득 찬 방안에서 오직 인터넷과 망원경을 통해서만 세상을 바라봅니다.

히키코모리가 밖으로 나가지 않는 이유는 사람에 대한 만남 자체를 극도로 꺼리기 때문인데요. 자기혐오나 우울증 등 때문인 경우가 많습니다. 자신에 대한 비관적 생각에 지배당하고 있기에 타인과 사회에 자신을 드러낼 수 없는 것이죠.

가족과도 최소한의 소통만 하는 경우가 대부분입니다. 다른 가족 구성원들을 자신의 스트레스와 불안, 분노를 해소할 대상으로 삼기도 하죠. 가족을 향한 분노와 폭력적 성향은 심각한 수준의 히키코모리가 종종 드러내는 증상이기도 합니다.

히키코모리와 같은 사람은 분리 불안 장애일까요? 아니죠. 오히려 이들은 내심 애착 대상을 만들고 싶은데, 자신에 대한 비하 때문에 만들지 못하는 경우라고 봐야 합니다. 타인이 보는 자신의 모습은 하찮고 나쁠 것이라 지레짐작하고서 불안해하는 히키코모리는 '사회 공포증'sociophobia에 더 가깝습니다.

사회 공포증과 분리 불안

사람들 앞에서 발표할 때나 새로운 사람을 만나서 친해지려 할 때, 원래 친했던 사람이나 가족을 대하는 것만큼 편한가요? 아마도 아닐 것입니다. 새로운 사람과의 만남 혹은 불특정 다수 앞에서 말을 하는 것은 언제나 떨리는 경험이죠. 저도 몇 년째 강단에 서고 있지만, 강의실 문을 열고 들어가기 전 늘 심호흡을 하며 마음을 다잡곤 합니다.

이렇게 낯선 환경 속에서 다수의 눈을 마주하는 것은 떨리는 일입니다. 가벼운 수준의 사회 공포증은 거의 모든 사람에게 본성처럼 존재하죠. 이로 인해 발생하는 약간의 긴장 상태가 오히려 그 상황에 대한 집중력을 높여 도움이 되기도 합니다. 너무 편할 때보다는 약간의 긴장 상태가 평소와 다른 에너지를 만들어주니까요.

그런데 사회 공포증을 질환 수준으로 앓는 사람들이 있습니다. 그들은 다른 사람 앞에 자신을 드러내는 것 자체를 공포로 느낍니다. 그렇기 때문에 사회 공포증을 '사회 불안 장애'라고 부르기도 합니다. 이들은 자신이 타인에게 부정적인 모습으로 비춰지고 평가받는 것 자체를 매우 두려워합니다. 자신의 행동이나 살아온 배경, 그리고 남들에게 드러날 수 있는 자신의 모든 것에 대해 비관적이죠. 앞서 언급한 히키코모리처럼 되는 가장 큰 이유 중 하나는 바로 사회 공포증에 준하는 심리 질환을 겪게 되기 때문입니다.

피트 닥터Pete Docter 감독의 《인사이드 아웃》Inside Out은 사회 공포증이 갑자기 높은 수준으로 나타나게 된 주인공 소녀의 모습을 잘 묘사하고 있습니다. 작품은 11세 소녀 라일리Riley의 머릿속에서 일어나는 다양한 감정 변화를 실감 나게 보여줍니다. 각각의 감정마다 인격을 부여한 캐릭터를 등장시키는 독특한 설정으로 관객들의 많은 공감을 얻었었죠. 작품에서는 라일리가 새로운 곳으로 이사를 하게 되면서 겪는 감정의 변화를 매우 상세하게 그리고 있습니다.

그중에서도 라일리가 전학한 학교에서 자기소개를 하는 장면은 사회 공포증이 갑자기 높은 수준으로 증가하는 모습을 잘 보여줍니다.

처음에는 조금 떨리는 모습이지만, 그래도 라일리는 새 친구들에게 밝게 인사를 건넵니다. 그러다 라일리는 고향과 친구들 생각에 입을 꾹 다물고는 눈물을 흘리고 말죠.

사실 전학은 아동이 처할 수 있는 사회 공포증 유발 상황 중에서도 가장 충격적인 상황입니다. 감정적으로나 신체적으로 덜 성숙한 채 새로운 환경에 내던져지는 일은 큰 사건일 수밖에 없죠. 특히 라일리는 사춘기에 접어드는 시기, 즉 몸과 마음이 많은 변화를 겪는 시기에 있습니다. 새로운 학우들이 자신을 어떻게 바라볼까, 이들과 친해질 수 있을까, 친구를 만드는 모든 과정을 어떻게 다시 새로 해낼 수 있을까 등등. 온갖 생각이 머릿속을 지배하는 겁니다.

라일리처럼 낯선 환경과 사람들 앞에서 부끄러움과 긴장을 느끼는 것은 당연한 현상입니다. 다만 작품에서는 감정이 급변하는 시기임을 강조하고자 눈물이라는 보다 자극적인 요소를 더한 것이죠. 그런데 눈물을 흘리고 입을 닫아버리는 라일리보다 더욱 심각해지는 사람도 있습니다. 극심한 공포와 불안에 잠식당해 외출조차 꺼릴 정도입니다.

사회 공포증은 이와 같은 현상이 6개월 이상 지속될 경우를 일컫습니다. 『정신 질환의 진단 및 통계 편람 제5판』에 따르면,

그림 12.4 갑자기 고향과 친구들 생각이 떠오르자 슬픈 감정이 차올라 울먹이는 라일리.

전체 인구 중 약 10퍼센트가 사회 공포증에 준하는 심리 장애를 앓고 있다고 합니다. 다른 질병에 비해 유병률이 높죠. 특히 전체 환자 중 약 75퍼센트가 8~15세 사이에 발병하는 것으로 보고되는데요. 성인이 되기 전, 즉 완전히 자아에 대한 정체성이 확립되지 않은 시기에 대부분 발병하게 됩니다. 여기서 하나 주의할 점은, 실질적 위협과 연관된 경우에는 사회 공포증으로 분류하지 않는다는 것입니다.

여기서 말하는 실질적 위협이란 학교 폭력이나 악독한 선생님의 폭언과 같은 것입니다. 실제로 당사자에게 공포와 두려움을 느낄 만한 상황을 촉발하는 실질적 위협의 주체가 있는 경우에는 사회 공포증이 아니라는 것이죠. 이러한 위협 요소가 없음에도 사회로 나가 일과 사람을 만나는 상황을 꺼리는 것이 사회 공포증입니다.

새로운 환경에 적응하지 못하는 경우 기존의 안락했던 공간이나 사람들에게로 돌아가려는 회귀 욕망에 빠지게 됩니다. 그리고 그곳에서 나오지 않으려는 모습을 보이기도 합니다. 프로이트는 우리가 이전 상태에 머물러 있으려 하는 증상을 '고착', 그리고 미성숙했던 시절로 돌아가려는 욕망을 '퇴행'이라 말했습니다. 고착과 퇴행 모두 현재와 미래에 대한 두려움에서 기인한다고 보면 되겠습니다. 그런데 고착과 퇴행 모두 좋은 현상이라 볼 수는 없습니다. 학습과 성장을 하지 않은 채 과거로 도망치려는 모습이기 때문이죠.

사회 공포증이 심각해지면 보통은 자신이 느끼는 불안과 나쁜 정서적 생각을 없애기 위해 부단한 노력을 하게 됩니다. 그런데 이 노력을 통해 획득하는 방법이 대부분 고착과 퇴행이라는 것이 문제입니다. 다시 말해, 현재의 좋지 못한 상황을 해결하기 위해 또 다른 나쁜 생각을 형성한다는 것이죠.

《인사이드 아웃》에서 라일리가 생각해낸 방법은 원래의 고향 미네소타로 돌아가는 것이었습니다. 엄마 지갑에서 몰래 카드를 훔쳐 버스비를 결제하고 홀로 도망치려 했죠. 집을 비롯한 낯선 환경에 적응하지 못한 라일리는 그녀를 더욱 위험하게 만들 수 있는 선택, 즉 가출을 시도합니다.

다행히도 버스 출발 직전, 라일리는 다시 가족의 품으로 돌아옵니다. 가족의 품에서 비로소 안심하는 라일리의 모습은 가족의 역할에 대해 생각해보게 합니다. 사회에서 마주하게 되는 갖은 불안에 맞설 에너지를 재충전하고, 심신을 회복하는 공간으로서의 기능을 말이죠.

결국 사회 공포증은 사회라는 공간과 그곳에 나아갈 힘을 얻을 수 있는 친근한 이들의 공간을 끊임없이 오가며 극복해야 함을 《인사이드 아웃》은 말해주고 있습니다.

나를 사랑하면서 사회로 나아가기

앞서 언급했듯 우리는 대부분 남들 앞에 나서는 상황에서 평소보다 많이 긴장하기 마련입니다. 다만 사회 공포증 증상이 있는 사람의 경우 긴장과 불안의 정도가 매우 심하다는 것이죠. 여러 사람 앞에서 발표한다고 가정해봅시다. 여러분은 어떤 변화가 나타나나요? 아마 대부분 호흡이 가빠지고 몸이 경직되며 식은땀이 흐르는 등의 긴장 상태에 빠질 것입니다.

사회 공포증 치료는 긴장 상태를 완화하는 것부터 시작합니다. 먼저 호흡 조절법이 있습니다. 긴장과 불안이 심해지면 호흡이 너무 빨라지는 증상이 동반되기 마련입니다. 실제로 발표 수업을 진행하면 대부분의 학생들은 호흡이 매우 빨라집니다. 20분 발표인데 10분도 채 안 되어 발표가 끝나버리기 일쑤죠.

이럴 때 효과적인 것이 깊은 호흡을 하는 연습, 즉 복식호흡입니다. 단전까지 호흡을 길게 잡아주면서 천천히, 그리고 깊게 호흡하는 것이죠. 목구멍 언저리에서 들쑥날쑥하던 호흡의 순환을 길게 잡아주면서, 호흡을 따라 바빠진 심리 상태를 안정시켜 주는 것입니다.

다음으로는 근육 이완 훈련입니다. 강한 긴장과 불안이 엄습했을 때 호흡만큼이나 불안정해지는 것이 몸 전체의 근육입니다. 공포 영화나 드라마 속 주인공이 쫓기는 상황에서 넘어지거나 평소보다 느리게 달리는 장면을 한번쯤 보았을 것입니다. 극한의 공포가 들이닥치는 바람에 몸이 마음처럼 움직여지지 않아 그런 것이죠.

사회 공포증 환자는 타인과 마주할 때 이와 같은 공포로 몸이 경직되는 경험을 한다고 보면 되겠습니다. 근육이 경직되고 부르르 떨리는 등 몸 전체가 극도의 긴장 상태에 빠져버리죠. 따라서 명상이나 스트레칭 등 근육을 이완시키면서 심신의 안정을 가져오는 훈련을 주기적으로 해주어야 합니다.

정신건강센터에 가면 앞서 언급한 호흡 조절법과 함께 근육 이완 훈련을 함께 진행합니다. 또한 인지 행동 치료를 병행하여 잘못된 생각을 바로잡는 치료도 하고요. 보통은 12~16주 정도 신체에 깃든 습관을 바로잡고, 6개월에서 1년 정도의 장기 심리 치료를 통해 사회와 타인에 대한 두려움을 완화하는 훈련을 하게 됩니다.

인지 행동 치료를 통해 잘못된 생각을 바로잡을 때 가장 중점적으로 하는 치료는, 자신에게 관대한 생각을 심어주는 것입니다. 사회 공포증을 앓고 있는 이들의 경우 자기 자신에게 매우 엄격한 모습을 보이는 경향이 강하게 나타납니다. 자신이 저지른 혹은 저지를지 모를 작은 실수나 잘못조차도 용서하지 않는 모습을 보이죠. 자신에게 지나치게 엄격하여 조금의 흐트러진 모습조차 타인에게 보일 수 없는 것입니다.

이와 같은 완벽에 대한 집착에서 기인한 극단적 자기 비하가 동반되어, 결국 심각한 수준의 심리 장애를 앓게 됩니다. 우리는 누구나 실수와 잘못을 저지를 수 있는 인간임을 인지해야 합니다. 그리고 무엇보다 잘못한 것을 바로잡을 기회는 얼마든지 있다는 것을 알아야 합니다.

세상을 살아가다 보면 다양한 사람과 상황을 만나기 마련입니다. 어떤 상황에서는 내가 저지른 실수로 인해 모든 것이 끝장날 것만 같은 기분에 빠지기도 하죠. 하지만 웬만한 일로 세상은 끝장나지 않습니다. 자신의 잘못과 실수를 끌어안고 맹목적으로 자기를 비하하는 일은 너무 위험한 것입니다.

그림 12.5 BTS가 유니세프와 함께한 'Love Myself' 캠페인.

    최고의 인기를 구가하는 세계적인 아이돌 그룹 방탄소년단 도 늘 이야기하잖아요. '자신을 사랑하세요'Love Myself 라고요!

    자신을 사랑함으로써 타인을 사랑할 수 있고, 그리고 이 많 은 인간이 사는 사회에 융화되어 살 수 있다는 사실을 언제나 잊 지 마세요. 여러분이 있어서 여러분의 세계가 존재한다는 사실도 요. 그리고 잊히지 않는 무엇이 되기 위해서는, 스스로를 잊으려 하는 마음부터 지워나가야 한다는 것을!

대학을 졸업한 지 어느덧 10년이 넘어가고 있다. 졸업하면 울산에 가겠다던 나는 아직도 서울에 있다. 심지어 앞으로도 계속 서울에 있으려고 한다.

나를 필요로 하는 사람들이 있는 이곳에서 살기로 마음먹었다. 청춘을 온전히 보낸 이곳에서 이제는 모교 학생들에게 강의를 하고 추억을 만들어주기 위해 교수가 됐다.

서울이라는 공간이 매력적인 것이 아니라, 나를 필요하다 말해주는 사람들이 있어 서울에 살기로 결심했다. 신입생 시절 나는 울산에 있던 나의 사람들이 그리웠고, 지금은 이곳 서울에서 함께할 사람들을 그리워하고 그리워할 것이다. 나는 태어나길, 사람을 향한 그리움으로 살아가도록 만들어졌으니까.

— 본문에서 다룬 작품
《인사이드 아웃》(2015)

— 함께 보면 좋을 작품
《김씨표류기》(2008), 《묻지마 사랑》(2013),
《40살까지 못해본 남자》(2005)

13장

완벽한 인간은
세상과 타협할 수 있을까

완벽주의와 강박의 결계

나는 《무한도전》을 정말 좋아한다. 엄밀히 말하면 2006년 즈음부터 2013년 정도까지 방영된 《무한도전》을 좋아한다. 그 당시 출연진 중 나의 '최애 멤버'는 무조건 노홍철이다. 특유의 똘끼와 명석함이 프로그램의 재미를 한층 업그레이드 시켰는데, 특히 그의 엄청난 깔끔함이 좋았다.

한번은 노홍철의 집이 조명된 적이 있다. 먼지 한 톨조차 허용하지 않는 깔끔함과 한 치의 오차도 없이 정돈된 물건들을 보며 다른 멤버들은 경악했다. 그들은 혀를 내두르며 '이 정도면 정신병'이라고 말했다. 당시 멤버들과 많은 시청자들은 노홍철에게 '결벽증', '완벽주의' 등의 수식어를 붙이며 경악을 금치 못했다.

의아했다. 깔끔하고 깨끗한 게 어째서 경악할 일이지?

완벽주의 vs 적당주의

여러분은 완벽주의에 가까운가요, 아니면 적당주의에 가까운가요? 국어사전을 찾아보면 적당주의는 '일할 때 요령만 피우거나 두루뭉술하게 해치우려는 태도'라고 합니다. 정확하게 완벽주의의 반대 의미를 담은 표현은 아니죠. 다만, 여기서는 적당주의를 '완벽에 대한 과도한 집착이 없는 태도'의 의미로 한정해 쓰고자 합니다.

여하튼 제 경우를 말씀 드리자면 저는 완벽주의에 '가까웠던' 사람입니다. 어릴 때부터 뭐든 매달리면 끝장을 보려고 했죠. 뭔가에 빠지면 누가 불러도 모르고, 밥을 굶어도 배고픈 줄 몰랐을 정도니까요. 어떤 일을 하든지 실패해도 계속 재도전하는 식으로 뭔가를 이루려 했었죠.

그런데 학교에서 배우는 공부에는 그리 큰 흥미가 없었던 탓인지, 성적만큼은 적당주의를 추구했습니다. 이렇게 말하고 보니 사실 저는 '선택적 완벽주의'를 추구했다고 보는 편이 맞겠네요.

제가 좋아하는 분야에서는 완벽함을 추구했지만, 그렇지 않은 분야에서는 적당주의를 추구했으니까요.

그렇게 선택적 완벽주의를 추구했기에 좋아하는 책이나 영화, 게임에 한번 빠지면 날밤을 새우곤 했습니다. 흥미로운 책이 있으면 다 읽을 때까지 밥도 안 먹고 책만 보거나, 아침부터 밤까지 쉬지 않고 영화를 연달아 보는 일도 꽤 잦았습니다. 특히 군대에 가기 전까지 게임을 너무 좋아했는데요. 게임을 하던 시절 이야기를 모은다면 책 한 권을 쓸 수 있을 정도입니다.

2004년 시작했던 《메이플 스토리》라는 게임에서는 제가 활동하던 서버 궁수 랭킹 1위를 내리 3년간 유지하기도 했는데, 이제는 아련한 추억이 되었네요. 지금은 전혀 게임을 하지 않지만, 한때는 정말 그 어떤 것보다 열심히 게임을 하던 시절이 있었습니다.

강의도 예외는 아니었어요. 최고의 강의를 할 수는 없다 하더라도, 최선을 다하지 않는 것은 참을 수 없었으니까요. 제가 수업을 준비하며 만드는 강의자료 정보를 보면 수정 횟수가 568회, 파일을 열어두고 편집한 시간은 51시간 이상으로 나와 있습니다. 처음 강의 자료를 만들고 이후 매번 강의할 때마다 수정한 횟수와 시간이 축적된 수치입니다. 이와 같은 정보를 보고 스스로도 좀 놀랐습니다. 1시간 15분 정도 진행되는 강의 자료를 만들기 위해 평균 500회 정도의 수정과 45시간 정도의 시간을 소모하는

그림 13.1 강의자료 파일의 정보.

것으로 나와 있었거든요. '이렇게나 열심히 강의를 준비했구나' 하는 생각과 동시에 '내가 이 정도로 지독했던가' 하는 생각도 들더군요.

제가 그렇게도 지독하게 열심히 추구한 것은 '완벽함'이었습니다. 그런데 그때의 제가 스스로 추구했던 완벽함은 어쩌면 '강박'이었다고 말할 수 있을 것 같습니다.

강박 장애와 강박성 성격 장애

『정신 질환의 진단 및 통계 편람 제5판』에서는 강박과 직접적으로 관련한 장애를 크게 두 가지로 나누고 있습니다. 하나는 '강박 장애'Obsessive-Compulsive Disorder이고, 다른 하나는 '강박성 성격 장애'Obsessive-Compulsive Personality Disorder입니다. 강박 장애와 강박성 성격 장애. 얼핏 듣기에는 같은 장애가 아닌가 싶을 정도로 비슷한 말처럼 보입니다. 그런데 강박 장애와 강박성 성격 장애는 분명한 차이가 있습니다. 하나씩 살펴보도록 하죠.

외출할 때 집의 수도를 제대로 잠그지 않았거나, 가스 불을 켜놓고 나온 것은 아닌가 하는 걱정 따위에 휩싸였던 적은 없었나요? 그런 걱정이 들기 시작하면 집에 다시 돌아가야만 할 것 같은 불안이 마음속에 자리하기 마련입니다. 다행히 집을 나선 지 얼마 안 되었다면 돌아가 확인하면 되지만, 이미 너무 멀리 나왔다면 돌아가기 애매하고 난감한 상황에 놓이게 되죠.

대부분의 사람은 이러한 경우 약간의 불안과 걱정에 휩싸이다가, 금세 자신이 가야 할 길이나 해야 할 일, 만날 사람 등에 의해 그 불안과 걱정을 잊기 마련입니다. 그런데 어떤 사람은 그러한 불안과 걱정에서 전혀 헤어나오지 못해 아무 일도 하지 못하는 상태에 빠지기도 합니다.

반복적으로 드는 불안과 걱정, 행동 등이 일상생활을 불가능하게 할 정도로 일어나는 증상을 강박 장애라 부릅니다. 무엇보다 걱정을 유발하는 생각이 본인 의지와 상관없이 반복적으로 떠오르는 게 문제입니다. 이런 반복적인 생각은 고통스러운 상상을 만들어내거든요.

예를 들어 가스 불이나 TV를 끄지 않았다는 걱정은 단순히 전원을 켜고 끄는 문제에서 그치지 않습니다. 가스레인지가 과열되고, TV 전선 합선이 일어나 화재가 발생해 집이 다 타버리는 식의 거대한 걱정으로 순식간에 번지는 것이죠.

강박 장애 환자에게서는 이외에도 평소와 다른 몸의 반응이나 행동이 일어나기도 합니다. 고개를 끄덕이거나, 딸꾹질 비슷한 소리를 내거나, 얼굴을 찡그리는 등의 행동이 본인의 의지와 무관하게 반복되는 것이죠. 18세 이전에 이런 불수의적 증상이 발생하면 전문 용어로 '틱 장애'tic disorder라고 합니다. 강박 장애 환자 중 거의 30퍼센트 정도가 사는 동안 내내 틱 장애를 경험한다고 알려져 있습니다.

불수의적으로 일어나는 강박 행동은 무엇일까요? 청소와 씻기를 병적으로 반복하는 경우를 들 수 있겠네요. 자신이 머무는 공간이나 신체가 세균에 오염되었을지 모른다는 생각을 지울 수 없어서죠. 이와 같은 행위는 머릿속에 침투한 강박 사고가 없어질 때까지 반복되며, 결국 정상적 생활이 불가능하게 됩니다.

강박은 사이코패스를 미치게 만드는 방아쇠

강박 장애는 어떠한 사고에 사로잡혀 특정 행동을 반복하거나 정해진 자기만의 규칙에 갇혀 불안을 느끼는 심리 장애를 말합니다. 사이코패스의 경우 대부분 자신만의 독특한 규칙을 가지고 있습니다. 그런데 그 규칙에 위배되는 상황이 발생했을 때는 상당한 불안과 이상 행동에 대한 충동을 느끼는 것으로 알려져 있죠. 만약 이와 같은 불안이 엄습한 상황에서 폭력 성향까지 드러 낸다면, 아주 적은 확률이긴 하지만 광기의 살인마가 될 수도 있 죠. 극도의 불안 증세를 느끼는 데에서 멈추느냐, 불안 증세를 이 상 행동으로 표출하느냐. 이를 통해 강박 장애와 사이코패스를 어느 정도 구분할 수도 있겠습니다.

합리와 논리, 이성적 판단을 추구하는 사이코패스에게 자신 이 믿고 있는 질서가 깨지는 것은 참을 수 없는 일입니다. 《아메 리칸 사이코》에서 패트릭 베이트먼이 자신이 정해놓은 삶의 패 턴과 청결함 등을 유지하지 못할 때 광기를 드러내며 살인을 저 지르는 것처럼 말이죠. 즉 강박은 사이코패스의 고요와 평정을 깨뜨리고 미치게 만드는 방아쇠라고 할 수 있는 것입니다.

그렇다면 강박성 성격 장애는 강박 장애와 무엇이 다를까요? 대표적인 강박성 성격 장애 중 하나인 '완벽주의'perfectionism를 중 심으로 말해보도록 하겠습니다. 완벽주의는 부단한 노력과 불굴 의 의지를 통해 가장 완벽한 상태에 이르려 하는 신념이라 정의 할 수 있습니다.

자신을 끊임없이 갈고닦아 완전무결한 상태에 이르고자 하 는 이와 같은 신념은, 얼핏 인간에게 꼭 필요하고 매우 긍정적인 신념으로 보입니다. 자신이 지닌 결점을 없애 완전한 존재가 되 려 하는 것. 이것은 그야말로 '열정'을 가지고 끊임없이 '발전'하 며 약점을 '쇄신'하는 인간이 되려는 의지라 할 수 있으니까요.

그런데 이 완벽주의라는 신념을 추구하는 이들의 어두운 면을 발견해야 합니다. 완벽주의는 사실 자신의 결점을 보완하는 것보다 결점이 노출될지 모른다는 두려움에 기반을 두는, 그야말로 '불안한 신념'입니다. 즉 겉으로 보기에는 끊임없이 자기 쇄신을 하는 열정적 인간으로 보일 수 있지만, 이들의 내면은 불안과 두려움에 지배당하고 있죠.

최근 들어 이러한 완벽주의로 인해 고통받는 이들이 늘어가고 있다며, 강경희와 김용태는 다음과 같이 말했습니다.

> "**세계로 확대된 무대에서 승리하기 위해,** 더 좋은 평가와 성취 결과를 얻기 위해, **타인으로부터 인정과 칭찬을 받기 위해 사람들은 끊임없이 노력하여야 하는 상황**이다. 또한 학교와 직장, 사회에서 **상대적 우위를 얻으려면** 더 완벽한 수행을 이루어야 인정을 받는 **상대평가**로 인해 대부분의 경쟁자는 낮은 자존감을 비롯하여 여러 가지 부정적 정서를 경험할 수 있다."[46]

우리 주변을 둘러싸고 있는 매체와 기술이 발달함에 따라 우리는 더 많은 사람과 연결되고 서로를 알게 됩니다. 이는 자신과 비교되는 사람이 더 많아진 시대를 우리가 살고 있다는 말이기도 하죠. 강경희와 김용태의 설명처럼 상대평가와 경쟁의 증가, 그로 인한 완벽함에 대한 갈망과 불안이 부정적 정서로 끊임없이 경험되는 시대에 우리는 놓였습니다.

　우리 사회에서 2000년대 초반부터 대학이나 직장 등에서 자리 잡기 시작한 상대평가는 완벽주의에 대한 부정적 정서를 크게 증가시켰습니다. 다른 사람보다 더 뛰어나야만 더 좋은 평가를 받을 수 있는 상대평가 제도가 무한 경쟁을 촉발시켰고, 상대평가 제도하에서 개인들은 지쳐갈 수밖에 없습니다.

　'성공'의 필수 요소로써 '노력'이 강조되고, 실패는 '충분한 노력'의 부족함에서 오는 결과로 치부되는 분위기가 형성되었죠. 충분한 노력을 기울인 완벽한 상태에서 성공할 수 있다고 믿도록 우리 사회가 사람들에게 강요하는 것입니다. 즉 완벽주의로 인해 고통받는 이들은 사회가 제시한 무결점의 기준을 충족하기 위해 부단히 노력하게 됩니다. 이와 같은 완벽주의를 폴 휴잇Paul Hewitt와 고든 플렛Gordon Flett 은 '사회 부과 완벽주의'Socially Prescribed Perfectionism 라고 말했습니다.

완벽주의의 세 가지 양상

휴잇과 플렛은 사회 부과 완벽주의 외에도 완벽주의에 대한 두 가지 경향을 더 언급했습니다. '자기 지향 완벽주의'Self-Oriented Perfectionism, '타인 지향 완벽주의'Other-Oriented Perfectionism 입니다. 그리고 이 세 가지 양상의 완벽주의에 대한 구체적 의미를 정의했습니다. 이것들 중 사회 부과 완벽주의에 대해서는 이미 언급했으니, 나머지 두 완벽주의에 대해 휴잇과 플렛이 어떻게 정의했는지 하나씩 이야기해보겠습니다.

먼저 자기 지향 완벽주의는 완벽함에 대한 기준과 강박이 자기 자신에게 향해 있습니다. 자기 지향 완벽주의자의 특징은 완벽함에 대한 기준이 너무도 높은 나머지, 도저히 충족시킬 수 없는 기준을 세우고는 스스로를 속박하고 옥죈다는 것입니다. 자기 지향 완벽주의자는 자신이 생각하는 이상적 자아와 현실의 자아 사이에 벌어진 엄청난 간극으로 인해 고통받습니다. 무슨 수를 써도 메울 수 없는 그 엄청난 차이에 좌절하고 우울감, 자존감 추락 등의 부정적인 정서를 끊임없이 경험하게 되는 것이죠.

타인 지향 완벽주의는 완벽함의 기준을 자신에게 부여하는 자기 지향 완벽주의와 달리 그것을 타인에게 강요합니다. 어떤 대상을 사랑하거나 아낀다면 진심어린 조언이나 질책을 할 수도 있습니다. 그런데 타인 지향 완벽주의자는 상대의 발전을 위해 조언이나 질책을 하는 수준을 넘어버립니다. 이들은 도무지 충족할 수 없는 비현실적 기준을 상대에게 제시합니다. 그러고는 그 기준에 도달하지 못하면 엄청난 비난과 질책, 끔찍한 수준의 힐난을 퍼붓습니다. 타인 지향 완벽주의자는 상대를 전혀 믿지 못하는 태도를 보이거나 대인 관계를 정상적으로 형성하지 못하기에 결혼이나 가족 관계에서도 상당한 마찰을 일으키죠.

2018년 방영했던 JTBC 드라마《SKY 캐슬》의 시놉시스를 봅시다. "대한민국 상위 0.1퍼센트가 모여 사는 SKY 캐슬 안에서 남편은 왕으로, **제 자식은 천하제일 왕자와 공주로 키우고 싶은 명문가 출신 사모님들의 처절한 욕망**을 샅샅이 들여다보는 리얼 코믹 풍자 드라마." 자식을 "천하제일"로 키우고 싶은 "사모님들의 처절한 욕망"이라는 부분은 타인 지향 완벽주의의 전형입니다. 부모가 자신이 설정한 완벽함에 대한 기준을 자식에게 강요하는 모습인 것이죠.

드라마가 방영될 당시 수많은 시청자의 공감을 얻을 수 있었던 것(마지막 회 시청률 23.8퍼센트)은 아마도 우리 사회의 일면과 매우 닮았기 때문일 것입니다. 이 드라마가 보여준, 부모가 자식을 통해 자신의 욕망을 달성하고자 하는 모습이요.

1950년 발발한 한국전쟁으로 전 국토가 황폐화되며 세계에서 가장 가난한 나라였던 우리나라는 1960년대부터 급격한 산업화와 경제 성장을 이룩했습니다. 그 시절의 엄청난 성장세는 '한강의 기적'이라 불릴 정도로 대단했고, 그 시기를 이끌던 주역들이 부모 세대가 되었을 때 자식에 대한 기대는 경제 성장률만큼이나 커졌습니다.

초토화된 나라를 복구하는 것을 넘어 세계에서 가장 잘사는 나라의 반열에 올랐으니까요. 자신이 속한 세대가 엄청난 노력을 통해 세계를 바꿔놓았으니, 자식 세대 또한 그래야 한다고 믿게 된 것이죠. 특히 자식들은 자신처럼 몸을 혹사시키는 고생이 아닌 공부를 통해 성공하기를 바라는, 이른바 '몸이 편한 일'을 하며 살아갈 수 있기를 바랐던 것입니다.

그런데 이와 같은 자식 세대에 대한 순수한 사랑에서 시작된 부모 세대의 바람과 기대가 타인 지향 완벽주의라는 부정적 증상을 보이기도 하는 것입니다. 그것을 드라마로 보여준 것이 《SKY 캐슬》과 같은 작품인 것이고요. 강압적인 부모의 모습과 이로 인해 극단적 스트레스를 받는 자식들의 모습. 그리고 보이지 않지만 분명히 작동하고 있는 사회의 계급 구조에 대한 공포. 우리 사회의 많은 가정이 현실에서 겪고 있는 일들을 《SKY 캐슬》은 신랄하게 드러냈던 것입니다.

타인 지향 완벽주의로 인한 부정적인 증상과 현상은 우리 주변에 늘 존재해왔고, 사회적 문제로 불거지기도 한다는 것을 우리는 알아야 합니다. 여기서 완벽주의를 기대하는 주체가 사회로 확장될 때 나타나는 것이 사회 부과 완벽주의라 이해한다면, 두 완벽주의의 차이를 보다 쉽게 알 수 있을 것입니다.

알람이 된 남자,《플랜맨》

이번에는 성시흡 감독의 《플랜맨》이라는 영화를 통해 완벽주의
와 강박 장애, 강박성 성격 장애에 대해 좀 더 살펴보겠습니다.
《플랜맨》은 2014년 개봉했지만 총 관객 63만 명이라는 초라한 성
적을 거두며 흥행에는 실패했습니다. 그러나 저는 이 작품이 완
벽주의와 강박성 성격 장애, 강박 장애를 모두 가진 한 인간을 묘
사하는 면에서 결코 실패하지 않았다고 말하고 싶습니다.

《플랜맨》의 주인공 한정석은 시간과 청결, 규칙 등에 대한 엄
청난 강박과 함께 살아가는 인물로 묘사됩니다. 6시 알람에 반드
시 일어나고, 6시 45분에 반드시 샤워를 시작하며, 샴푸와 린스
는 정확하게 5분씩, 8시에 옷을 입고, 8시 42분에 정확하게 횡단
보도를 건너는 식입니다. 한편으로는 놀랍고, 다른 한편으로는
징그럽게 느껴질 정도로 규격화된 삶의 패턴에 집착하는 인물이
죠. 그는 시간뿐 아니라 청결에 대한 강박도 갖고 있습니다.

그런데 시간을 잘 지키고 청결하고자 하는 것은 좋은 습관
아닌가요? 강박이라 하더라도 관리에 철저한 편이 여러모로 좋
은 평가를 들을 수 있지 않을까요? 한정석의 모습을 보면서 이와
같은 의문을 품을 수도 있을 것입니다.

저 역시 지각을 자주 하는 사람이나 청소를 게을리하는 사람
보다는 차라리 칼같이 시간 약속을 지키고 과할 정도로 청소를

하는 사람을 더 좋아합니다. 그러나 한정석이 가진 강박은 보통의 삶을 불가능하게 할 만큼 심각한 수준입니다.

한정석의 눈에 보이는 현실은 보통의 현실과는 너무도 다릅니다. 제대로 놓여 있지 않은 컵이 심하게 요동치면서 금이 간다거나 비뚤게 맨 넥타이와 옷에서 삐져나온 실오라기 한 가닥이 마치 뱀처럼 살아 움직입니다. 정돈되지 않은 모든 것이 너무나 거슬리고 환각마저 보는 한정석은 너무 괴로워 귀와 머리를 심하게 긁기도 합니다. 참을 수 없는 가려움과 답답함에 휩싸여 불안 증세를 보이는 한정석은 결국 동료와 회의조차 진행할 수 없는 지경에 이르죠.

이와 같은 한정석의 증상들은 『정신 질환의 진단 및 통계 편람 제5판』에 명시되어 있습니다. 강박 장애 환자는 공황 상태에서 발작을 일으키거나 자신이 생각하는 올바른 상태로 대상이 제대로 보일 때까지 심각한 수준의 불완전감과 불편감으로 인해 고통받는다고 말이죠.[47] 이처럼 한정석이 환각을 보거나 발작에 가까운 상태에 빠져버리는 것 또한 실제로 일어날 수 있는 상황입니다. 어떤 이에게 강박은 사회생활이 불가능할 정도의 병리적 증상을 동반한다는 것을 알아야겠습니다.

이번에는 《플랜맨》 속 완벽주의와 그로 인해 고통받는 한정석을 보도록 하겠습니다. 영화 속 완벽주의를 이야기하기 위해서는 한정석의 과거를 알 필요가 있는데요. 과거 한정석은 보통 사

그림 13.2 영화 《플랜맨》 속 한정석은 한 치의 오차도 허용하지 않는 철저한 계획에 따라 매일을 살아간다.

람과는 비교도 할 수 없을 만큼 완벽에 가까운 기억력과 음악 실력을 갖춘 천재 소년이었습니다.

끝없이 펼쳐진 무한의 수, 원주율을 소수점 이하 수천 자리까지 외울 수 있었던 천재 소년. 당시 한정석은 전 국민의 관심을 한 몸에 받던 그야말로 '국민 스타'였습니다. 미국으로 건너가 세계 최고 학자로 성장해 나라를 구할 영웅으로까지 추앙받을 정도였죠. 〈그림 13.3〉에 보여지는 무대 위 인물을 주목할 필요가 있습니다.

왼쪽 소파에 앉아 있는 엄마와 가운데에 서 있는 어린 한정석, 그리고 오른쪽의 진행자 구상윤을 말이죠. 왜냐하면 이들이 휴잇과 플렛이 말하는 세 가지 완벽주의를 아주 잘 드러냈기 때문입니다.

왼쪽 뒤에 앉은 한정석의 엄마는 타인 지향 완벽주의를 잘 보여주는 인물로서 한정석에게 지속적으로 완벽한 능력을 요구합니다. 오른쪽 뒤의 사회자 구상윤은 사회 부과 완벽주의를 상징하죠. 그는 시청자들이 원하는 모습, 즉 국민과 사회가 원하는 모습을 지속적으로 한정석에게 주입하고 강요합니다. 한정석은 엄마가 죽은 후 엄마가 자신에게 행하던 완벽주의를 스스로에게 행하는 자기 지향 완벽주의를 보여줍니다.

영화를 보지 않은 분이라면 한정석 엄마가 왜 죽는지, 그리고 그것이 한정석이 왜 자기 지향 완벽주의자가 되는지 궁금할

그림 13.3 아침 TV 프로그램에 나가 천재적인 암기력을 선보이는 한정석(가운데)과 한정석의 엄마 (왼쪽), 진행자 구상윤(오른쪽).

것입니다. 한정석의 엄마가 사망하게 된 경위는 다음과 같습니다. 전 국민적 관심을 받던 천재 소년 한정석은 기억력 테스트 생방송을 끝으로 미국으로 넘어가 세계적인 학자들에게 교육받을 계획이었습니다. 그런데 이 모든 계획이 한정석의 바람과는 무관하게 엄마와 사회의 욕심으로 세워진 계획이라는 것이 문제였죠. 결국 미국으로 가지 않고 엄마와 함께할 수 있는 방법을 고심하던 어린 한정석. 그가 택한 것은 일부러 숫자를 틀리는 것이었습니다. 알면서도 일부러 오답을 내서 틀리면 미국으로 가는 계획이 무산될 거라 여긴 것이죠.

마침내 생방송으로 기억력 테스트를 진행하던 날, 세계 각국의 기자들을 비롯한 방청객, 그리고 무수한 시청자들이 지켜보는 앞에서 어린 한정석은 원주율 암기에 실패하고 맙니다. 이에 분노한 방청객과 기자들은 스튜디오를 벗어난 한정석의 엄마에게 항의를 했고, 그 과정에서 발을 잘못 디딘 한정석의 엄마는 계단 아래로 추락해 그만 목숨을 잃게 됩니다.

어린 한정석은 자신이 '틀렸기 때문'에 '엄마가 죽었다'는 생각에 사로잡히고 맙니다. 이는 곧 한정석의 강박과 '절대로 그 어떤 무엇도 틀려서는 안 된다'는 완벽주의가 되어버린 것입니다.

네 잘못이 아니야, 틀려도 괜찮아

엄마의 죽음으로 시작된 지독한 강박과 완벽주의에 빠져 있는 한정석. 이대로는 정상적으로 살 수 없음이 분명합니다. 제대로 살기 위해서는 그에게 내재한 강한 트라우마를 극복하고 완벽주의라는 허상에서 빠져나와야 합니다. 작품은 한정석이 엄마를 죽음에 이르게 했다는 트라우마를 극복하는 과정을 '사이코드라마'psychodrama와 비슷한 기법인 '모노드라마'monodrama를 통해 보여줍니다.

사이코드라마는 1936년 제이콥 모레노Jacob Moreno가 제안한 심리 치료 기법입니다. 환자가 말로 표현할 수 없는 심리 상태를 몸짓을 통한 연기로 표현함으로써 자신도 알지 못했던 무의식적 충동과 욕망 등을 나타내는 것이죠. 오늘날에는 사이코드라마가 가상의 상황을 전제하는 '역할극'role-playing 이나 일인극인 모노드라마 등의 형식을 취하기도 합니다.

《플랜맨》은 한정석이 모노드라마를 통해 어린 시절로 돌아가 자기 안에 억압해두었던 트라우마를 보여주는 것으로 시작합니다. 천재였지만 어린이에 불과했던 그가 얼마나 엄마 품을 그리워하는지 고백하면서 말이죠. 이제는 세상에 존재하지 않는 엄마의 역할은 주치의가 대신합니다.

　　한정석　엄마! 엄마가 시키는 것 내가 다 잘할 테니까… 그러니까… 엄마….
　　(흐느끼며)

　　주치의　진우야. 아니야. 네 잘못이 아니야.

　　(죽은)엄마　괜찮아. 진우야. 울지마.

　　한정석　미안해요. 엄마. 엄마랑 헤어지기 싫었어요. 엄마랑 떨어지기 싫어서….

　　(죽은)엄마　아니야. 엄마가 미안해. 엄마가 미안해. 진우 마음 몰라줘서. 그동안 많이 힘들었지?

한정석 힘들었어요, 엄마… 너무 힘들었어요, 엄마… 무서웠어요, 엄마….

(죽은)엄마 괜찮아. 괜찮아. 이제 괜찮아. 진우야. (한정석의 어깨를 토닥이며)

한정석 미안해요, 엄마….

한정석의 눈물 젖은 고백이 이어지는 동안 주치의는 그가 완전히 어린 시절의 시간과 공간으로 돌아갈 수 있도록 엄마 역할을 해줍니다. 작품은 자연스럽게 주치의가 엄마의 모습으로 변하는 장면을 보여줍니다. 한정석의 트라우마가 생겨난 원인인 엄마의 죽음에 대한 죄책감을, 주치의가 대신 엄마가 되어 그를 용서하고 해소해주는 것입니다. 모노드라마라는 기법이 어떻게 심리 치료에 효과적일 수 있는지 잘 보여주는 장면입니다.

《플랜맨》처럼 트라우마나 걱정의 원인이 되는 요소가 극적으로 해소되어 강박과 완벽주의로 인한 병리적 증상들이 호전을 보인다면 얼마나 좋을까요? 강박과 완벽주의로 인한 고통을 완화시킬 수 있는 방법을 하나 더 제시해볼까 합니다.

'노출 및 반응 방지'ERP, Exposure and Response Prevention 치료라는 방식이 있습니다. 강박적 상황이나 충동에 노출되었을 때 그 상황을 해결하고 싶은 욕망을 참는 것을 지속적으로 훈련하는 방식이죠. 이 방식은 충동적으로 떠오른 강박이나 완벽에 대한 과도한 집착이 나타났을 때 자신이 하던 본연의 업무나 할 일에 최대한 집중해보는 연습을 하는 것입니다.

　다른 곳으로 관심과 정신을 돌리는 연습도 좋습니다. 좋아하는 책을 읽거나 음악 듣기, 영화 보기, 운동하기 등 정신을 다른 곳으로 완전히 돌려 강박적으로 떠오른 생각 따위를 잠시라도 잊는 연습을 계속 해주는 것이 바로 노출 및 반응 방지 치료의 일반적인 방식입니다. 물론 이 방식은 혼자서는 힘들 수 있으니, 주변에서 도와줄 사람이 있다면 함께해보는 게 더 좋겠네요.

완벽하지 않은 인간이라 다행이야

우리가 사는 세상에서 '완벽하다'라는 표현만큼 모순적인 말이 있을까요? 완벽하다는 것은 결점이 없다는 말이고, 결점이 있고 없고는 무언가가 좋은지 나쁜지에 대한 판단에서 나옵니다. 다시 말해, 지극히 주관적인 판단에서 기인하는 관념이 '완벽하다'라는 개념이라는 것. 이처럼 지극히 주관적인 완벽함에 대한 강박적 추구는 오히려 자신과 주변 사람, 그리고 우리 사회를 매우 불안한 상태에 이르게 합니다. 그 불안이 우리를 무너뜨리게 해서는 안 되겠죠.

　조금 틀려도 괜찮습니다. 완벽하지 못한 나와 그런 나를 둘러싼 세계가 나의 잘못 때문이 아니란 걸 인식해야 합니다. 어차피 이 세계는 이토록 작은 인간의 판단으로 완벽한지 아닌지를 가늠하기에는 너무 거대한 곳이니까요. 완벽함이라는 불가능을 좇기보다는 어제와는 다른(가능하다면 더 발전한) 나를 만들어간다고 생각하기 바랍니다.

돌이켜보면 저 역시 500번이 넘는 강의자료 수정을 통해 달성하려 했던 목표는, 완벽함보다는 그때 그 시절 그 학생들에게 가장 적합한 수업 자료를 만드는 것이었습니다. 완벽함이라는 결코 닿을 수 없는 허상을 추구했다면 죽는 날까지 제가 만든 수업 자료를 가지고 교단에 서지 못했을 것입니다. 이 책 또한 결코 나올 수 없었겠죠.

그러니 우리 이것 하나만 기억하기로 합시다. 우리는 다행히도 불완전하게 태어났다는 사실, 그렇기 때문에 새롭게 변화할 수 있는 가능성과 기회를 가진, 그야말로 너무도 인간적인 인간이라는 사실을!

《무한도전》속 노홍철의 집 정도는 아니지만, 나의 집과 학교 연구실은 깔끔한 편이다. 나의 공간을 다녀간 사람들은 '같이 살면 피곤하겠다'라는 말을 자주한다. 글쎄. 한창 깔끔을 떨던 시절의 나라면 그럴지도 모르겠다. 머리카락 한 올, 먼지 한 톨도 허용하지 못하던 시절이 있었으니까.

그런데, 요즘은 적당한 타협은 무엇일까를 고민한다. 매일같이 치우고 살며 완벽하고 깨끗한 공간을 추구하기보다는, '일부러 어지르지만 말자'의 정신으로 살아간다.

사실 타협의 목적은 다른 사람들과 더불어 살기 위함이다. 나도 누군가와 언젠가는 가족을 이루고 살 것이고, 그날이 오게 되면 나와 다른 사람의 기준을 절충해야 잘 살 수 있으니까. 그렇게 자신의 기준에 대한 고집을 버리는 것이, 강박에서 벗어나는 길은 아닐까.

— 본문에서 다룬 작품
《플랜맨》(2014), 《SKY 캐슬》(2018)

— 함께 보면 좋을 작품
《이보다 더 좋을 순 없다》(1997),
《블랙 스완》(2010), 《위플래쉬》(2014)

인간은 악하다는 진실

한 소년 검객이 있습니다. 그는 검술을 갈고닦아 최강의 검객이 되어 어지러운 세상의 한 줄기 빛이 되겠다고 결심합니다. 착한 사람들을 괴롭히는 나쁜 사람들을 자신의 검으로 구하겠다고 말이죠. 그런 소년 검객에게 스승이 이렇게 일갈합니다.

> "검은 흉기! 검술은 살인술! 그 어떤 미사여구로 치장한다 해도 이것이 진실! 사람을 지키기 위해 사람을 벤다. 사람을 살리기 위해 사람을 죽인다."

제가 가장 좋아하는 애니메이션《바람의 검심: 추억편》에서 소년 검객 히무라 켄신의 스승 히코 세이쥬로가 내뱉는 말입니다. 저로 하여금 선과 악의 아이러니를 처음 알게 해준 명작이죠. 스승의 호통을 들은 후에 켄신은 어떻게 했을까요?

켄신은 그래도 착하고 약한 사람들을 지키겠다며 스승을 떠나 하산합니다. 그런 켄신의 뒷모습을 바라보며 스승은 혼자 되뇌죠. 순수한 바보 제자가 바보다운 선택을 했다고. 저 소년 검객처럼 누군가의 선을 위해 누군가에게 악이 될 수밖에 없는 것이 인간입니다.

저는 이러한 관점에서 인간의 악을 바라보며 이 책을 썼습니다. 절대 선이나 절대 악이 있는 것이 아니기에, 자신이 믿는 선이 언제든 다른 누군가에게는 악이 될 수 있습니다. 그렇기에 저는 '인간은 악한 존재가 아닌가요'라는 질문에 이렇게 대답합니다. '인간은 분명히 악합니다'라고요. 인간이 악하다는 진실을 인정해야 합니다. 의도했든 하지 않았든 언제나 악과 마주하며 살 수밖에 없는 것이 인간이라는 존재입니다. 그렇기에 우리는 항상 스스로를 경계하고, 좀 더 선에 가까운 길을 가고자 끊임없이 모색해야 합니다. 선한 존재가 될 수 있도록 우리를 더욱 자세히 알 필요가 있다고 말이죠.

이 책에서 다루고 있는 13가지 심리 증상은 때때로 인간을 악하게 만드는, 혹은 인간을 악한 존재로 보이게 하는 평범치 않은 증상들입니다. 저는 이 증상들을 하나의 일방적인 시선으로 보는 것이 아닌, 다층적인 바라보기를 통해서 악의 모호성을 말하려 했습니다. 단순히 악하다고 생각했던 것이 생각보다 복잡할 수 있음을, 자신도 원치 않는 사이 주변을 괴롭게 하는 악이 될 수도 있음을, 우리가 두려워하고 나쁘다고 생각했던 어떤 증상 뒤에는 우리가 미처 몰랐던 슬픔과 아픔이 있을 수 있다는 것을 이야기하고 싶었습니다.

뜬금없지만, 책을 쓴다는 건 참으로 어려운 일이란 걸 새삼 느낍니다. 함께 같은 공간에서 호흡하지 않는 이들에게 종이 너머로 진심을 전한다는 것이 이렇게 어려운 줄 몰랐습니다. 그래도 온 마음을 다해 이것 하나만 기원해봅니다.『인간의 악에게 묻는다』를 읽는 독자분들이 제가 강의를 준비하며 학생들에게 선사하고 싶었던 감동을 느낄 수 있다면, 저는 그것만으로도 참 좋겠습니다. 과분한 기대일까요?

우리는 단 하나의 성격과 마음으로 구성되는 존재가 아니며, 선과 악의 이분법으로 설명할 수 있는 존재도 아닙니다. 우리 모두는 다양한 개성과 마음을 가졌기에, 서로가 서로를 끊임없이 탐구하고 이해하며 살아가야 하는 '인간'입니다. 우리는 자신과 다른 생각과 행동을 하는 사람이 왜 다른지 이해하려 노력해야 합니다. 그리고 자신도 누군가의 입장에서 보면 의아한 구석이 하나쯤은 있다는 사실을 알아야 합니다. 그렇게 서로를 알아가는 과정을 통해야 더 '인간적인 인간'이 될 수 있습니다.

철학자 바뤼흐 스피노자Baruch Spinoza는 『정치학 논고』Political

Treatise에서 이렇게 말했습니다. 자신이 각고의 노력을 거쳐 공부했던 궁극적인 이유는 인간을 이해하기 위해서라고. 결코 인간을 동정하거나 비웃거나 혹은 미워하기 위해서가 아니라고.

저 역시 제 나름의 방식으로 인간을, 그중에서도 인간의 악을 이해하고 이야기해보려고 이 책을 썼습니다. 어둠이 없다면 빛이 얼마나 밝은지 모르듯, 나를 알아주는 당신이 없었다면 나의 존재에 의미가 없듯, 악이 있기에 우리는 선을 알게 된다는 것을 잊지 말기를 당부합니다.

앞으로도 저는 지금처럼 인간을 공부하고 많은 작품을 섭렵하기 위해 노력할 겁니다. 그 공부가 다음에 쓸 책의 토대가 되고 강의의 밑거름이 되겠죠. 아마도 다음 책의 주제 역시 인간이 될 것입니다. 다시 인간의 악을 이야기할지, 인간 너머의 인간을 이야기할지, 인간의 무엇을 이야기할지는 모르겠습니다. 다만 인간을 이해하기 위한 공부를 멈추지는 않겠습니다.

아직도 저는 인간이 지닌 모습의 만 분의 일도 모르는 그런, 인간에 대한 공부가 필요한 사람이니까요.

2022년 1월

김성규

수강 후기

"강의 내용이 모두 좋았습니다. 특히 조현병 환자나 사이코패스에 대해 현재 대한민국 사람들이 흔히 갖고 있는 편견을 깨고 건강한 인식을 가질 수 있도록 강의해주셔서 매우 유익했고 감사했습니다. 단순히 학문적으로가 아니라 이것을 나의 삶과 내 주변 사람들에 대한 따뜻한 관심으로 적용할 수 있는 것들을 배워서 정말 좋았습니다."

"인간의 다양한 심리 현상을 문학 작품이나 영화에 적용시켜볼 수 있어서 흥미로운 수업이었습니다. 작품에 대한 이해의 폭과, 인간의 심리에 대해서 깊이 있게 생각해볼 수 있는 유익한 시간이었습니다."

"참으로 좋은 수업이었습니다. 흥미를 유발하는 소재, 그리고 그 속에의 여러 정신분석학적 프레임, 멀어 보이지만, 사실 너무나도 일상의 삶과 밀접하게 연결된 여러 정신분석학적 현상들. 어쩌면 이 강의야말로 일반교양에 가장 적합한 강의가 아닐까 싶습니다. 감사합니다. 앞으로도 좋은 강의들로 학생들을 찾아주세요;)"

"이번 학기 수업 중 만족도 1위입니다. 심리와 관련한 현상 및 실험에 대해서 배울 수 있어서 좋았고, 이를 문학작품과 영화와 연결하여 생각해보는 것이 흥미로웠습니다."

"흥미로운 주제와 탄탄한 내용의 강의라고 느꼈습니다. 몇몇 수업을 들을 때는 감동을 받아서 눈물이 찔끔 나올 때도 있었습니다. 정신분석이라는 주제를 영화·문학·에피소드와 연결시켜 설명해주시는 강의력이 정말 대단한 것 같습니다. 지금껏 들었던 강의 중 최고입니다."

"배울 점이 너무 많은 수업입니다. 자아, 타자, 그 외의 '사람'이라는 것을 제대로 다룰 수 있음에 감사한 수업입니다."

"인간의 여러 심리 현상에 대해 더 심도 있게 알 수 있어서 좋았습니다. 굉장히 많은 양을 배우기는 했지만 하나하나가 다 재밌었고 또 각 심리 현상에 대한 이론들도 흥미로웠습니다. 문학 작품을 그런 심리 현상을 중심으로 해석하는 법을 새로 알아갈 수 있었던 것도 매우 좋았습니다."

"교수님의 열정도 좋았고 교수님의 성실함도 감동적이었습니다. 지금까지 들어본 강의들 중 제일 행복했던 강의였어요. 매 수업을 기다리면서 지냈습니다. 배우는 내용이 다양하면서도 각각 알차게 구성되어 있어서 정말 많은 걸 배울 수 있었고 너무 감사했던 한 학기였습니다."

"제가 대학에서 들은 수업 중에 가장 재밌었던 수업이었습니다! 앞으로 이런 수업만 있다면 대학 너무 재밌게 다닐 수 있을 것 같습니다. 교수님도 학생들이랑 소통을 하려는 모습이 너무 잘 보여서 정말 좋았습니다. 감사합니다!"

"수업시간마다 새로운 정신분석학 개념과 그와 관련된 문화 콘텐츠들을 배울 수 있어서 정말 유익했습니다. 제 전공에 엄청난 도움이 되었던 것 같습니다. 교수님의 강의력은 정말 의심의 여지가 없을 정도로 훌륭했습니다. 더 많은 학생들이 이 강의를 청강할 수 있었으면 좋겠습니다."

"우선 교수님께서 준비를 굉장히 철저히 해 오시는 것에 놀랐습니다. 학생 이름도 하나하나 기억해주시고 여러 가지를 가르치려 하셨다는 것이 보였습니다. 정신분석학을 다룬 교양 수업으로는 이 이상의 내용이나 방식 이상의 어떤 것을 할 수가 없다는 생각이 들고, 여러 가지로 배운 점도 많고 즐거웠습니다."

미주

1 짐바르도, 필립. 『루시퍼 이펙트』. 서울: 웅진지식하우스, 2010. p.64.

2 같은 책. p.80.

3 같은 책. p.149.

4 같은 책. p.190.

5 Robertson, Ian. 『The Winning Effect: How Power Affects Your Brain』. p.126.

6 페르하에허, 파울. 『우리는 어떻게 괴물이 되어가는가』. 서울: 반비, 2015. p252.

7 짐바르도, 필립. 앞의 책. p.424.

8 Arendt, Hannah. 『Eichmann in Jerusalem: A Report on the Banality of Evil』. New York: Penguin, 1994. p276.

9 같은 책. p252.

10 캠벨, 조셉. 『신화의 힘』. 파주: 21세기북스, 2017. p.41.

11 짐바르도, 필립. 앞의 책. p.424.

12 같은 책. p357.

13 Arendt, Hannah. 앞의 책. p.49.

14 리프킨, 제레미. 『공감의 시대』. 파주: 김영사, 2017. p.52.

15 SBS 뉴스. 「메르켈 "독일인, 나치 범죄에 '영원한 책임' 있다"」. 〈https://news.sbs.co.kr/news/endPage.do?news_id=N1001601339〉.

16 네이버 지식백과. 「사이코패스 개념의 발달」. 〈https://terms.naver.com/entry.nhn?docId=3579257&cid=59041&categoryId=59041〉.

17 김형희. 『한국인의 거짓말: 지금까지 몰랐던 한국인의 거짓말 신호 25가지』. 서울: 추수밭,

2017. pp.48~49.

18 같은 책. p.211.

19 정항균.『메두사의 저주: 시각의 문학사』. 파주: 문학동네, 2014. p.280.

20 같은 책. p.379.

21 Tolstoy, Lev.『Anna Karenina』. New York, NY, USA: Viking Penguin, 2001, p.1.

22 steemit.「[사회복지사]가족복지론-1.가족의 정의와 특성」. 〈https://steemit.com/kr/@
    goodgirl/x1j8t〉.

23 Becker, Ernest.『The Denial of Death』. New York: Free Press Paperbacks,, 1973. p.13.

24 정일영.「부모 학대가 청소년의 공격성에 미치는 영향: 사회적 위축과 공동체 의식의 매개
    효과를 중심으로」.『교정복지연구』. 제58호. (2019): pp.71~96.

25 KB금융그룹 _ 기업PR.「"하늘같은 든든함, 아버지{몰래카메라}" 편」. 〈https://www.
    youtube.com/watch?v=9-VkbFe2U3U〉.

26 APA.『정신 질환의 진단 및 통계 편람 제5판』. 권준수 외 옮김. 서울: 학지사, 2015. p.109.

27 이훈진과 이준득.『정신분열증: 현실을 떠나 환상으로』. 서울: 학지사, 2016. p.177.

28 Horney, Karen. "The Value of Vindictiveness".『The Amerian Journal of
    Psychoanalysis』. Vol.8 Issue 1. 1948. p.5.

29 맥컬러프, 마이클.『복수의 심리학』. 파주: 살림출판사, 2009. p.101.

30 바르트, 롤랑.『사랑의 단상』. 서울: 東文選, 2004. p.213.

31 같은 책. p242.

32 APA. 앞의 책, p.312.

33 같은 책. p312.

34 Robert, Stevenson.『Dr. Jekyll and Mr. Hyde』. USA: Signet Classics, 212.
    pp.110~111.

35 존슨, 로버트『당신의 그림자가 울고 있다』. 서울: 에코의서재, 2007. pp.17~19.

36 PRO ANA GODDESS. 〈https://proanagoddess.wordpress.com/ana-lifestyle-
    religion-2/〉.

37 같은 자료.

38 인제대학교상계백병원.「강박증의 약물치료」. 〈https://www.paik.ac.kr/clinic/malady/
    jilhan03_vi.asp?p_seq=8&p_hp=JA&p_buseo=DEPT_H&p_cid=127&p_bid=16&p_
    fld4=/rollover〉.

39 Body Dysmorphic Disorder Foundation. 〈https://bddfoundation.org/〉.

40 카뮈, 알베르.『전락』. 서울: 책세상, 1995. p.42.

41 Africa Prime News.「Researchers Discover New Nanomaterial For Early Detection
    Of Alzheimer's Disease」. https://africaprimenews.com/2018/10/31/health/

322

researchers-discover-new-nanomaterial-for-early-detection-of-alzheimers-disease/

42 바르트, 롤랑. 앞의 책. p.244.

43 같은 책, p.156.

44 Express Newspapers. 「SUPERHUMANS: Chips inserted in brains will give us MIND-BLOWING abilities within years」. 〈https://www.express.co.uk/news/science/877457/brain-function-dementia-super-power-human-kernel〉.

45 Chomet, Sylvain. 『Attila Marcel』. Eurowide Film Production, 2013.

46 강경희와 김용태. 「완벽주의 병리성에 대한 이론적 고찰: 자기심리학과 초월상담이론의 비교 논의를 중심으로」. 『한국기독교상담학회지』. 제29권 제2호. (2018): p.30.

47 APA. 앞의 책, p.253.

본문 사진 출처

그림 1.3   https://www.3ammagazine.com/3am/dark-matter-black-transparency-the-aesthicisation-of-politics/

그림 1.5   https://www.sfgate.com/entertainment/article/Botero-s-distinctive-style-evokes-moral-energy-2620878.php#photo-2106606

그림 2.3   https://edition.cnn.com/2018/01/25/opinions/anti-semitism-in-germany-hockenos-opinion/index.html

그림 3.1   https://unbelievable-facts.com/2016/03/criminal-mind-studies.html

그림 4.2   https://blog.daum.net/enature/12017085

그림 10.1   https://www.oprah.com/oprahshow/broken-reflections/all

그림 11.1   https://www.bbc.com/korean/news-58860052

그림 11.2   https://loni.usc.edu/images/SVG/new_svg_images/Normal_and_Alzheimers_Brains.png

그림 12.1   https://artsandculture.google.com/asset/gAH8kAujM-mKkw?hl=id

그림 12.2   http://ko.experiments.wikidok.net/wp-d/57aac7dbeee347803105685c@2

그림 12.3   Harry F. Harlow and Robert R. Zimmermann. "Affectional Responses in the Infant Monkey". New Series Vol.130, No.3373(1959)

그림 12.5   https://www.love-myself.org/

인간의 악에게 묻는다
누구나 조금씩은 비정상

초판 1쇄 펴낸날 2022년 2월 10일
3쇄 펴낸날 2022년 6월 20일

지은이 김성규
펴낸이 서상미
펴낸곳 책이라는신화

기획이사 배경진 권해진
책임편집 홍성광 이근일
디자인 studio forb
홍보 문수정 오수란
관리 이연희

출판등록 2021년 12월 22일(제2021-000188호)
주소 경기도 파주시 문발로 119, 306호(문발동)
전화 031-955-2024 **팩스** 031-955-2025
블로그 blog.naver.com/chaegira_22
포스트 post.naver.com/chaegira_22
인스타그램 @chagira_22
유튜브 https://youtu.be/7wzVgxQeUWk
전자우편 chaegira_22@naver.com

ⓒ 김성규, 2022
ISBN 979-11-977499-0-2 03180